CHŒUR DE ROCKEURS

DU MÊME AUTEUR :

Romans

jeanne et marguerite, Calmann-Lévy

Un petit glaçon dans la tête, Calmann-Lévy

Biographies

La Petite Fille à la balançoire,
avec Frédérique Bedos, Les Arènes

Tous sont vivants,
avec Klaus Vogel, Les Arènes

Ouvrage publié sous la direction de Jean-Baptiste Bourrat.

Les Arènes
27, rue Jacob, 75006 Paris
Tél. : 01 42 17 47 80
arenes@arenes.fr

Chœur de Rockers se prolonge sur www.arenes.fr

VALÉRIE PÉRONNET

CHŒUR DE ROCKEURS

La saga des Salt and Pepper

LES ARÈNES

À mes deux sweet angels,
qui, j'espère, font la java là où ils sont :
Cécile, mon inénarrable tante rebelle,
et Jean-Jacques, le plus rock'n'roll des vieux boucs.

1

ALL YOU NEED IS LOVE*

Valérie

There's nothing you can do that can't be done
Nothing you can sing that can't be sung
It's easy! All you need is love
Love is all you need

THE BEATLES

*Tu n'as besoin que d'amour

Je les ai aimés tout de suite, dans cette salle des fêtes trop grande, où ils regroupent les chaises dans un coin pour répéter, et surtout pour se tenir chaud, être bien collés les uns aux autres. Ça papote, ça râle, ça glousse, ça persifle un peu, ça rit aux éclats ; ça part dans tous les sens. Nathalie, leur cheffe, une gamine qui pourrait être leur fille, les maîtrise avec patience, souplesse et dextérité, sans les braquer – il faudrait être folle pour braquer des rockeurs – mais sans trop leur lâcher la bride non plus. C'est le bazar, ça ne ressemble à rien, elle annonce un titre et un tiers d'entre eux proteste, le deuxième tiers se réjouit, pendant que le troisième prépare docilement la fiche qui correspond à la chanson.

Puis ils se mettent à chanter, et c'est comme un petit miracle : ils ont 15 ans, une banane d'enfer, les yeux qui brillent et les hanches qui gigotent. Ils sont ensemble, vraiment, même quand ça déraille un peu. Ils sont heureux, joyeux, vigoureux. Épatés eux-mêmes d'être aussi épatants. Ils déménagent. Ils n'ont plus d'âge…

Comment fait-on le portrait d'une chorale de baby-boomers ? En l'écoutant, bien sûr. Et puis en s'attachant à chaque histoire, à chaque murmure, aux silences, aux douceurs, aux blessures. Les Salt and Pepper, ce sont trente-huit vies et mille et une autres. Des bavardes, des taiseuses, des bruyantes, des discrètes, des secrets bien chuchotés, des souvenirs précieux, des engueulades, des embrasements et des moments de grâce.

J'ai gardé le meilleur. J'ai choisi, volontairement, de montrer ce qu'ils ont de plus beau. De plus puissant, de plus enragé, de plus rock : leur énergie, leur désir de vie, leur humanité. Ce livre est un recueil parfaitement subjectif et pointilleusement incomplet qui raconte les plus beaux éclats de cette drôle de bande de Dunkerquois, retraités, rockeurs, choristes, qui ont décidé que le *show must go on*, et que la vie est trop belle – ou trop dure, ou trop courte, ou trop bizarre, ou trop précieuse, ou trop fragile – pour ne pas la chanter. La swinguer. La groover. La rocker.

Alors voilà, ils sont là. Presque tous. Chacun à la mesure de ce qu'il a bien voulu dire. Pour raconter l'histoire de ce chœur si singulier, et de chacun de ces cœurs que la vie a chahutés. Les Salt and Pepper, c'est un groupe de « vieux » rockeurs hors du commun mais qui nous ressemblent, pourtant. Beaucoup. Quels que soient notre âge, notre histoire et nos goûts musicaux, il y a dans cette chorale des éclats de chacun d'entre nous, que racontent toutes les chansons et tous les chanteurs, de Luis Mariano à Nina Hagen, de Plastic Bertrand à Mick Jagger, d'Alain Souchon à John Lennon : comme nous tous, les Salt and Pepper sont une petite *foule sentimentale, attirée par les étoiles, qui a soif d'idéal.* Et, parce qu'ils ont déjà une longue vie parfois bien accidentée derrière eux, ils savent mieux que quiconque que *all (they and) we need is love. And rock'n'roll,* évidemment.

2

UTILE

Nathalie

Je veux être utile
à ceux qui m'ont aimé,
à ceux qui m'aimeront et à ceux qui m'aimaient.
Je veux être utile
à vivre et à chanter…
À quoi sert une chanson si elle est désarmée?

JULIEN CLERC

Quand je les ai rencontrés, j'étais toute petite et pas du tout cheffe. Mon métier à moi, c'est chanteuse. Mais quand on m'a appelée pour me proposer ce boulot, mon cœur a fait *boum*. À la fois de peur et d'envie. J'ai dit oui d'abord et réfléchi après. Beaucoup, beaucoup : je ne les connaissais pas. Et je ne voyais pas bien comment embarquer toute une chorale dans un univers rock. D'ailleurs, pour commencer, qu'est-ce que j'allais bien pouvoir leur faire chanter, le jour de notre première rencontre ? J'ai opté pour une chanson ultra-connue que je maîtrisais bien pour l'avoir réarrangée afin de la chanter en duo : « Stand by Me » (« Reste près de moi ») de Ben E. King.

Je suis arrivée vers eux le cœur grand ouvert et le sourire explosé par un monstrueux bouton de fièvre, symptôme de mon stress absolu : ils étaient trente, j'étais toute seule, ils attendaient de moi que je fasse avec eux un truc que je n'avais jamais fait avec personne, et eux non plus. Je n'avais aucune idée de la manière dont j'allais m'y prendre, ni dont la sauce allait prendre.

Je les ai trouvés cools, tout de suite. Vivants, attachants, partants, multiples. Une jolie petite bande d'individualités qui ne demandaient qu'à pétiller. J'ai eu immédiatement, vraiment, vraiment envie de faire de la musique avec eux. Restait à trouver comment : j'étais complètement à côté de la plaque avec mon « Stand by Me ». Ça ne leur allait pas du tout, trop compliqué, trop doux, pas assez structuré… Mis à part le message subliminal – je souhaitais déjà ardemment que nous *restions ensemble*, eux et moi –, je devais revoir ma copie.

Je n'avais jamais dirigé, et la plupart d'entre eux n'avaient jamais chanté. On s'est fabriqués ensemble, en tâtonnant de répétition en répétition. Je voulais qu'il se passe quelque chose entre eux, et aussi entre eux et moi. Ça a marché tout de suite : un joyeux bordel que j'ai appris à dompter l'air de rien, histoire de rester cheffe sans devenir le kapo que je ne suis pas. Ça en énerve certains, qui rêveraient que j'aie plus de poigne, mais ça en préserve d'autres qui ne supporteraient pas de se sentir matés… C'est une des premières choses que j'ai apprise avec les Salt and Pepper : impossible d'obtenir une quelconque unanimité. Et ça a commencé immédiatement : certains voulaient des partitions, d'autres des textes annotés ; la plupart ne lisent pas la musique et perçoivent assez mal la justesse – ou pas – de leur voix.

Alors, je me suis basée sur leur énergie. La première chose à faire était de leur trouver un répertoire adapté. J'ai appris à arranger, pour eux, en gérant mes frustrations et les leurs : il y a plein de morceaux dont j'ai envie, ou bien qu'ils me réclament, mais qui seraient trop compliqués. Comme le dit si bien l'un d'entre eux, c'est complètement antinomique, « chorale » et « rock » ! Les syncopes, les rebonds qui sont l'essence même de cette musique, c'est bien trop difficile pour cette joyeuse bande d'amateurs. Ce qui ne nous empêche pas d'avoir de vrais moments de grâce, lumineux et magiques ! Lorsqu'on a attaqué « Creep », de Radiohead, ils ont été fulgurants, planants, épatants. Ils l'ont apprise en deux temps trois mouvements, et la chantent avec une émotion qui me bouleverse encore et encore…

Je n'étais pas préparée à une aventure pareille. Je suis la petite dernière d'une famille très, très nombreuse ; une « fille de vieux », en quelque sorte. J'ai eu la chance d'être encouragée à suivre ma voie, et ma voix, même si ça n'était pas du tout la culture de notre milieu. Et je suis restée très proche de mes parents, dont je prends soin le mieux possible. Je crois que c'est aussi par ce chemin-là, si intime et si sensible pour moi, que les Salt and Pepper m'ont attrapée : je pourrais être leur fille. Et je ne veux pas qu'on se résigne. Même quand on est vieux. Même quand on est fragile. Même quand on est usé. Même quand on trimballe des chagrins incommensurables. La vie est belle jusqu'au bout, et peut réserver des surprises étonnantes. Moi, je suis chanteuse : je crois dur comme fer que produire cette résistance-là est la principale utilité de la musique…

J'étais en train de faire une vacation au Club Med quand on m'a proposé cette mission. Ça devait durer six mois, se terminer par un petit concert de clôture, et fin de l'histoire. J'avais d'autres projets – des groupes, un duo acoustique, une formation de ska festif; une vie de chanteuse, quoi ! – mais quand même, je dois l'admettre : j'avais l'impression de tourner un peu en rond. Ma rencontre avec les Salt and Pepper a été une sorte d'accélérateur de ma vie professionnelle, qui est devenue un véritable tourbillon ! Je pense qu'ils me portent autant que je les porte. Depuis que je les connais, j'ai repris, et achevé, mes études de jazz vocal au conservatoire de Lille. Je me suis formée à l'université en psychopathologie de la voix et en sonothérapie. Et j'ai chanté ou fait chanter plein d'autres groupes. Mais eux, c'est pas pareil…

Dès le début, j'ai considéré les Salt and Pepper comme l'un de mes groupes : je pensais la construction du répertoire avec eux, et aussi les arrangements quand je manquais d'inspiration, parfois. Cette attitude de partage n'a pas aidé à clarifier ma posture de cheffe de chœur, mais j'avais vraiment du mal avec cette idée de tout décider… C'est peut-être l'une des raisons pour lesquelles ils sont si dissipés. Mais c'est peut-être aussi parce que je les ai impliqués directement dans ma démarche artistique et prospective que la chorale existe encore aujourd'hui. Le groupe compte très fort pour chacun d'entre nous. Je le pense. J'aime à le penser. C'est quasiment identitaire chez eux, constitutif de cette période de leur vie. Je me souviens de l'une d'entre eux, dans un reportage télé, assise dans sa salle à manger, déclarant : « Ce serait la fin du monde pour moi, si les Salt s'arrêtaient. »

On ne s'est pas arrêtés. Même si notre fin était programmée, six mois après notre création et quelques jours après le fameux concert au Kursaal de Malo-les-Bains, que nous avions préparé avec acharnement. Je me souviens de notre trac ; le leur et le mien. De notre impatience aussi à nous produire enfin après avoir tant travaillé. Je me souviens de l'adrénaline, comme un shoot. Je me souviens d'avoir senti la pulsion surgir et nous gagner, tous, émerveillés. Je les ai vus s'animer sous mes yeux. Dans mon dos, je sentais le public ébahi. Et devant moi, je les voyais si beaux, si éclatants d'énergie, étonnés eux-mêmes de ce qu'ils étaient en train de produire. Et fiers, si fiers. Heureux de prendre ce plaisir à chanter ensemble, de partager ce plaisir avec leurs proches et les inconnus venus les écouter. Transfigurés !

C'est à partir de ce jour-là que j'ai commencé à osciller entre le « ils » et le « nous ». Ils sont eux, je suis moi, mais que suis-je sans eux, et que sont-ils sans moi ? Je suis leur cheffe mais ils décident, je tranche mais ils renâclent, j'ai l'âge d'être leur fille et de leur obéir, mais je ne suis pas leur fille et je n'obéis pas à grand monde. Je veille à ce que mon propos soit toujours musical, mais certains sont tellement à fleur de peau, à fleur d'âme, qu'il m'est impossible d'être toujours impartiale. Il faut protéger les plus faibles, tempérer les plus expansifs, et récupérer chez les plus électriques l'énergie dont nous avons tous besoin.

Je les aime, je les aime, mais bon sang que c'est compliqué, parfois !

La première fois que j'ai vraiment mesuré mon attachement, viscéral, aux Salt and Pepper, c'était un jour de colère. À Tourcoing, lors d'une réunion de responsables culturels où j'étais censée pouvoir défendre l'avenir de la chorale au-delà des six mois programmés, j'ai compris que j'avais été invitée pour faire de la figuration et que les Salt and Pepper ne serviraient que de faire-valoir : il avait déjà été décidé que le gros des subventions irait à d'autres projets. Le micro passait de l'un à l'autre, sans jamais s'arrêter à moi. De rage, je l'ai intercepté pour dire à quel point « l'expérience » avait été fructueuse, humaine, magnifique et comme il me semblait insupportable et absurde qu'elle s'arrête alors qu'elle commençait à peine. Dans la salle, quelques choristes m'avaient accompagnée, ils étaient outrés et furieux. Indignée, l'une des chanteuses s'est levée pour me crier son approbation, en dressant le poing.

On n'a eu qu'une infime partie des subventions dont on avait besoin, mais ils ont décidé de créer une association pour continuer quand même. Et de m'employer comme cheffe de chœur. Alors on a continué.

Ils ne savent pas ce que ça m'a coûté, parfois. Ni combien j'ai dû m'accrocher pour retomber sur mes pieds. Les protéger d'eux-mêmes, les tirer malgré eux là où je pensais qu'il était bon que nous allions ensemble. Accepter qu'ils me disent « tu » à des moments où j'aurais eu tellement besoin qu'ils m'incluent dans leur « nous ».

Au début, d'abord, quand certains acteurs de la vie culturelle voulaient qu'on disparaisse. Les séances de mépris, en tête-à-tête dans un petit bureau, à m'expliquer par A plus B qu'ils chantaient mal, qu'on ne tenait pas la route, qu'ils ne ressemblaient à rien, qu'on n'avait pas d'avenir. J'en sortais humiliée, bouleversée, vidée. Comme si on s'attaquait à ma famille, à mes plus proches. À mes parents. Je ne leur ai jamais dit. Moi, je suis une musicienne, pas une combattante. Ce que je veux, c'est faire de la musique et que ça rende heureux un maximum de gens autour de moi !

C'est exactement ce qui s'est passé. On a continué à faire de la musique. Et non seulement ça nous a rendus heureux, mais en plus ça nous a menés là où on n'aurait jamais imaginé !

Je pense à tous ces concerts merveilleux, un soir pour dire adieu aux 4 Écluses, le joli théâtre qui a abrité nos premiers mois ; dans le kiosque à musique de la place Turenne ; sous des chapiteaux improbables ; face à la mer sur la coursive du Kursaal, sur la scène du Palais du Littoral ; devant le café Au Lion d'Or à Esquelbecq pour leur célèbre nocturne ; sur l'un des podiums de la Citadelle en Bordées, festival cher à nos cœurs, où nous avons été invités à quatre reprises déjà…

Je pense à ces après-midi dans les maisons de retraite où je les vois chanter « j'ai pas envie d'être vieux », dans la chanson de Mademoiselle K, avec un élan si profond – teinté parfois d'une petite pointe d'angoisse – à des gens de leur âge qu'on dirait échoués là, comme si tout était terminé.

Et puis ces tournées de concerts en prison, dans la petite salle ou dans la cour de la maison d'arrêt de Dunkerque, et aussi à Maubeuge, Douai, Valenciennes, Béthune, Arras… On avance groupés. On fait corps bien serrés les uns contre les autres, le temps que la musique détende l'atmosphère et fasse son office.

Je pense aux trajets en bus, tous ensemble comme des mômes qui partent en colonie de vacances. Les bouteilles à boire et les chansons à rire. Les petites grivoiseries de l'une, les attentions délicates de l'autre…

Aux petites et aux grandes « catastrophes » : le matériel sono oublié, les bricolages miraculeux de dernière minute, la patience et la tendresse de nos adorables musiciens professionnels – Jo, Antonin et Franck, mon cher mari – qui nous accompagnent fidèlement.

Je pense au travail de fourmi, obstiné et efficace, de Philippe, le président. La loyauté sans faille de la « bande des conjoints », qui ne chantent pas mais qui supportent, photographient, transportent, applaudissent, encouragent, animent le site Internet et la page Facebook…

Je pense aux reportages et aux articles de journaux, qu'ils accueillent toujours avec un mélange de modestie et de cabotinage – pourquoi s'en priveraient-ils ? Leur énergie et leur *peps* attirent les médias, et ils le savourent avec délectation !

Il y a eu, aussi, des chagrins. La disparition d'Yvette, notre « Tatie Danielle » au foutu caractère, qui régalait le public en brandissant sa canne comme une arme de combat quand on chantait « Antisocial ». Accaparante, parfois mesquine et fourbe, mais je l'aimais. Et je n'étais pas la seule. On la convoyait jusqu'aux répétitions, aller et retour. On lui imprimait les consignes, les mails et les paroles des chansons, puisqu'elle n'avait pas Internet. On lui pardonnait ses perfidies. Ou pas. Affaiblie par la maladie qui la grignotait petit à petit, elle est venue de moins en moins. Elle ne se plaignait plus, elle était là, elle avait comme déposé les armes… Elle s'est éteinte le 30 décembre 2016, en laissant des consignes : le chœur en larmes, nous sommes allés chanter « Space Oddity » à son enterrement.

L'année d'après, c'est Christian, l'inséparable mari de notre chère Mouchette, qui est mort chez lui, dans son fauteuil, pendant un concert.

Chaque disparition réveille chez les uns et les autres d'autres chagrins dont on ne soupçonne pas la violence. La plupart n'en parlent pas. Mais je sais, je sens, je vois, à quel point chanter ensemble peut être consolateur, aussi.

Et puis voilà qu'un jour, on nous propose d'enregistrer un disque ! Quel bonheur, quelle chance, quelle aventure ! Comme de bien entendu, ça a tiraillé dans les pupitres. Il y avait les pour, partants pour une tournée mondiale, ne lésinons pas ! Les contre, inquiets des proportions imprévues que prenait le projet, et de l'épaisseur effrayante des contrats envoyés par la maison de disques. Les indécis, qui balançaient des uns aux autres, entre excitation et méfiance, envie de tout gagner et peur de tout perdre, surtout leur sacro-sainte indépendance. Ils ont mis plus d'un an à se décider. Et quelques semaines de plus à choisir, apprendre, préparer, répéter les chansons du CD. Et puis une poignée de longues et denses journées à les enregistrer.

Ils ont découvert la rigueur, la difficulté de la répétition, dix fois, quinze fois, vingt fois, pour seulement quelques mots parfois, jusqu'à ce qu'on arrive à ce qu'on souhaite. La concentration durant des heures, debout, les oreilles grandes ouvertes. Ils ont entendu leur voix, vraiment, et expérimenté la grande solitude de n'être pas soutenu par celles des autres. Ils ont découvert le bonheur d'obtenir enfin ce qu'on cherche…

J'ai découvert, moi, leur puissance de travail. Leur force et leur fragilité. Leur peur de nuire au projet et au résultat final. Avec Laurent et Guilain, les réalisateurs professionnels en charge du projet, nous avons cherché comment obtenir le plus beau de chacun d'entre eux.

Un soir, je suis partie chiffonnée : malgré tous nos efforts, nous n'avions pas réussi à produire le résultat escompté sur « Jouer dehors », la chanson difficile enregistrée dans la journée. J'ai passé la nuit à tourner en rond dans ma tête, sans trouver de solution. Le lendemain, j'ai récupéré une des choristes en larmes, et pleuré avec elle, de l'avoir mise dans cette situation. Mais j'ai fini par trouver. Quelques jours plus tard, les réalisateurs n'étaient pas là, nous avons réessayé entre nous, mon mari, Franck, qui les connaît depuis toujours, aux manettes, et moi dans le studio avec les choristes qui n'étaient pas satisfaits de leur phrase. Dans le calme, sans pression, en confiance, tout a pris vie plus vite, avec fluidité. Chacun a trouvé son élan propre, pour venir à bout de ce petit passage qui le mettait à découvert.

À la fin de la session, l'un d'entre eux est venu me dire : « En fait, Nath, ce qu'on fait, c'est impossible à faire, hein ? Je veux dire, chanter du rock en chorale ? » Je lui ai répondu en riant, les yeux dans les yeux : « Oui, c'est vrai… » Et il a conclu, triomphal : « Mais on le fait quand même ! »

Voilà, c'est ça, les Salt and Pepper, dont je suis finalement devenue aussi la cheffe de cœurs : un pied de nez à l'impossible. C'est refuser de se résigner. Croquer la vie. Y croire, jusqu'au bout. On se donne des ailes, à nous, et à ceux qui nous entourent.

Le jour de ses 85 printemps, j'ai vu ma maman chérie découvrir un article sur nous dans *La Voix du Nord*, avec un sourire transcendé. Ce sourire ne la quitte plus. Et moi non plus.

3

I FEEL GOOD*

Le jour où tout a commencé

I feel good, I knew that I would now
So good, so good, I got you!
I feel nice, like sugar and spice
So nice, so nice,'cause I got you

JAMES BROWN

*Je me sens bien

Point de départ...

Ça se passe à Dunkerque, et ce n'est pas un détail. On peut même dire que, dans cette histoire, Dunkerque – et son « Dunkerquois » – est l'un des personnages principaux. Parce qu'ici, « être ensemble » est une culture, une tradition, un ciment. Un air que l'on respire, en se baladant sur la digue de Malo-les-Bains au moindre rayon de soleil, et tant pis s'il vous souffle à la figure en vous mordant les joues ; ce même air qui peut aussi vous manquer au milieu de la foule compacte de la place de l'Hôtel-de-Ville ou de la place Jean-Bart, les jours de lancer de harengs ou de rigodon.

Dunkerque, c'est le Carnaval, et le Carnaval, ici, c'est central. On fait partie de bandes, on fait chapelle, et on chante à s'en arracher les cordes vocales :

À Dunkerque, quand vient le carnaval,
On est tous joyeux comme des cigales,
On se grime, on s'met de la peinture,
On s'en met plein, plein la figur',
On s'habille avec des vieux habits,
Et on sort son grand parapluie,
Avec tout ça on est paré pour le carnaval,
Et le boulot, ben on s'en fout pas mal.
On est heureux, on est heureux.

Et même quand on n'est pas heureux, on fait la fête ; parfois, ça aide à le (re)devenir…

Mais à Dunkerque, on n'est pas ensemble que pour carnaval. On est ensemble souvent, voire tout le temps. Sans doute parce qu'être ensemble a été, pendant longtemps, une question de vie ou de mort et que, même si aujourd'hui ça saute moins aux yeux, c'est quand même la meilleure façon de se faire une existence pas trop moche.

Quand les Salt and Pepper racontent leur vie, les uns après les autres, on voit apparaître cette ville, son âme et son histoire. Comme un décor indispensable pour comprendre ce qui les a amenés là, sur une scène de village ou dans un kiosque à musique, mais aussi dans les prisons ou les maisons de retraite – et même parfois dans une église ! – pour chanter « Antisocial » ou « The Show Must Go On ».

Il y a les pêcheurs, qui n'existent presque plus mais qui sont toujours là, ancrés dans les mémoires : ils partaient en Islande, laissant femme et enfants pour de longues campagnes de six mois. « On faisait la fête avant, parce qu'on sait que la vie est dure et qu'on n'est jamais sûrs de ce qu'elle nous réserve. » Dans leur sillage, les mineurs de fond du Nord, venus trouver du travail dans l'énorme usine sidérurgique Usinor lorsque leurs mines ont fermé, qui ont conservé en eux cette inquiétude inaltérable de ne jamais être sûr de remonter quand on descend, et de tous les drames que ça peut entraîner.

Il y a les traces de la guerre, qui marquent le paysage, les souvenirs et les imaginaires. La bataille de Dunkerque, en mai 1940, qui a vu soldats anglais et français piégés comme dans une nasse, dos à la mer, face aux nazis et sous leurs bombes. Les civils pris au piège eux aussi, réfugiés dans les caves, dans une ambiance d'apocalypse. Et puis la deuxième vague, en 1945, quand Hitler décide de faire de la ville une forteresse. Plus de 25 000 Dunkerquois qui lui résistent, en refusant d'évacuer leur région pourtant inondée et minée.

Il y a, une fois la paix revenue, ce champ de ruines dans lequel il faut vivre et grandir au milieu des baraquements et des chantiers de reconstruction. Pendant des décennies.

Il y a le port et Usinor, qui deviendra Arcelor avant de n'être presque plus rien du tout. Un monstrueux complexe sidérurgique, sorti d'une côte déserte dans les années 60, derrière une digue elle-même surgie des dents des énormes engins dont on allait admirer la danse comme on va au spectacle. Des hauts fourneaux, parmi les plus grands d'Europe, des laminoirs, un gigantesque terminal minéralier devant lequel les cargos font la queue à perte de vue, et 40 000 emplois. Une manne pour tous les Dunkerquois.

Il y a la rébellion, le combat, la lutte sociale contre l'exploitation, pour le partage et la révolution, et puis contre les fermetures, le chômage, le retour de la misère. Les emplois qui s'évaporent les uns après les autres. La poussière de rouille qui se dépose partout – sur le linge qui sèche et dans les poumons –, la zone classée Seveso, même une fois les usines fermées…

Il y a aussi la mer, puissante et belle, le long de laquelle on va se promener dès qu'on peut, qu'il pleuve ou qu'il vente – ici ça arrive, parfois. Les « kiosques », petites cabines aux couleurs vives alignées le long des plages, où on se retrouve entre amis pour profiter du bon temps ensemble. Et les « couques suisses », les *strinjes*, le *potch'*, le *poddingue*, les fricadelles, les friteries qui rendent la vie plus gourmande et plus jolie.

Héritages

Il y a le grand-père de Maguy, boulanger, qui portait le pain à Grand-Fort et Petit-Fort et qui avait imaginé un pudding cuit à la vapeur, pour les marins qui partaient faire la saison en Islande. Comme ça ressemblait à une grosse paire de fesses, il a appelé son gâteau « le cul à Lulutte ». C'est toujours une spécialité du coin.

Il y a Jocelyne, qui est arrivée un jour de la région parisienne. « On devait être mutés à Marseille et au dernier moment, *paf*, Dunkerque. C'était le mois de novembre, il faisait moche, on s'est dit qu'on allait rester trois ans, et vingt ans après on est toujours là ! On a été happés. Je n'ai plus envie de partir, on a été adoptés par la région et les amis. »

Il y a la mère de Régine, femme de ménage, qui écoutait Luis Mariano et Tino Rossi. Et son père, fou de grande musique, qui travaillait sur le port. Un drôle de type, autodidacte, dont le père avait été douanier en Allemagne, alors il savait parler le danois, le suédois, le norvégien, le flamand et l'allemand. Il était doué pour les langues mais il refusait de parler anglais : il n'aimait pas les Anglais, à cause des bombardements.

Il y a Éliane, à moitié bourguignonne parce que sa mère, jeune fille réfugiée en Bourgogne, a rencontré et épousé un Bourguignon. Dolly, qui est née à la fin de la guerre, dans la Marne : ses parents avaient quitté Calais pour fuir les bombardements, ils travaillaient pour les Américains ; c'est pour ça qu'elle s'appelle Dolly.

Avant guerre, son grand-père était comique troupier amateur. Il chantait dans les fêtes et les cafés. Dans les réunions de famille, elle se souvient que ses grands-parents commençaient à chanter, un de ses oncles se mettait à l'harmonium et un autre sortait son violon.

Et puis Jocelyne, qui jouait de l'accordéon aux kermesses mais qui a fini par arrêter, parce qu'elle avait trop le trac. Jacqueline, dont le père, fou de jazz et de swing, était un amuseur public. « Le grand-père de ma mère était chanteur de rue. Ma grand-mère jouait du banjo, et ma mère était une pianiste contrariée. Je crois que j'aurais pu avoir une vie d'artiste mais j'avais besoin de stabilité… »

Il y a toutes ces familles du Nord ou on dégaine ses instruments et on chante, ensemble, pour un oui pour un non, le dimanche et la semaine, pour les communions et les mariages, et même pour la Toussaint, « les chansons préférées des défunts ».

Il y a les Dunkerquois qui rêvent de vivre sur la Côte d'Azur et qui finalement, au bout de quelques années, reviennent s'installer ici, même s'il pleut plus souvent, parce qu'on est mieux. Et que c'est chez eux.

Jour J

C'est dans cette ville-là, au milieu de ces gens-là, qu'un jour d'automne 2009, les 4 Écluses, lieu explosif de la vie musicale dunkerquoise, installé dans une ancienne poudrière du XVIIIe siècle, invite par voie de presse et le bouche-à-oreille tout senior souhaitant venir assister à la projection d'un documentaire au Studio 43. Il s'agit du film *I Feel Good*, tourné dans le Massachusetts par Stephen Walker, qui a accompagné pendant quelques semaines la chorale Young@Heart (littéralement : « jeune@cœur »), moyenne d'âge : 80 ans. Signe particulier : se sont produits dans le monde entier. Répertoire : ils ne chantent ni des chants folkloriques, ni des cantiques, ni du gospel comme on peut s'y attendre de la part de charmants « petits vieux », mais du bon rock bien rauque, de la pop qui décoiffe et du blues qui déchire. Les premières images en sont la preuve : Eileen, 92 ans, donne le ton avec un rugissant « Should I Stay or Should I Go ». Saisissant. Le film est ébouriffant d'énergie et de drôlerie, mais aussi de rires, d'inquiétudes et de larmes : en six semaines de tournage, le chœur perd deux de ses plus vieux choristes, fauchés par la vieillesse et la maladie.

Pas de quoi décourager la cinquantaine de retraités ou futurs retraités venus assister à la projection, littéralement scotchés par les jeunes cœurs de ce chœur de vieux : ça peut être aussi « ça », une chorale senior ?

C'est ce qui leur est proposé, à la fin du film : une « expérience chorale » rock le temps d'une année scolaire, entièrement financée par le centre communal d'action social de Dunkerque et exclusivement destinée aux choristes du troisième âge. Nom de code : Salt and Pepper. Début de l'aventure : immédiat. Niveau musical requis : enthousiasme et bonne volonté.

« Moi, j'y étais avec mes copines Monique et Régine », se souvient Annie, ancienne institutrice à l'école de Francine. « C'est pas le rock qui m'a attirée, c'est la bande. L'énergie du groupe. L'envie d'oublier tous nos soucis, ensemble. » « Quand j'ai entendu le cri d'Eileen, je me suis dit : "Si elle peut le faire à son âge avancé, je peux le faire aussi" », se souvient José. « Dans le film, ils étaient tous beaucoup, beaucoup plus vieux que nous mais je voulais faire comme eux, renchérit Lyli. Le rock a accompagné toute ma vie. Je me suis précipitée dans ce projet. »

Brigitte, elle, n'était pas encore à la retraite et n'avait pas tout à fait l'âge, mais elle a instantanément eu envie de cet esprit d'équipe, cette connivence que raconte le film. « Je n'y connaissais rien au rock mais j'ai adhéré sur place, immédiatement. » Tout comme Christiane, élevée dans une maison sans musique puis mariée à un fou de jazz, qui ne connaissait quasiment aucune des chansons du répertoire des Salt and Pepper. Ou Liliane, ravie à l'idée de retrouver le swing de sa jeunesse, mais inquiète à celle de devoir mémoriser des chansons en anglais, dont elle n'a jamais appris un traître mot… Monique était venue en renfort pour soutenir sa belle-sœur, Virginie, « bonne fée » à la tête du projet pour les 4 Écluses. Elle savait déjà qu'elle tenterait le voyage, en embarquant son inséparable Francine, absente ce jour-là mais inscrite d'office. Janine, elle, est adepte du chant traditionnel flamand. Le rock, elle n'y connaît rien de rien – « mais j'ai décidé que la retraite, ça sert à sortir de ses sentiers battus. J'ai toujours aimé apprendre, découvrir ce que je ne connais pas ». Elle est venue avec deux copines, que le projet a laissées perplexes. Elle s'est donc engagée toute seule, « pour voir »...

À la fin de la séance, on comptait une trentaine d'inscrits, parmi lesquels une grande majorité d'inscrites, qui ont très rapidement pris l'habitude de la répétition du mardi. Ils ont fait la connaissance de Nathalie, chanteuse professionnelle pétillante et enthousiaste bombardée cheffe de chœur pour cette expérience, inédite aussi pour elle. Certains ont décroché très vite – pas facile de chanter en anglais, surtout quand les répétitions tombent à l'heure de la sieste –, d'autres se sont ajoutés – les copines des copines, qui ont entendu dire qu'ici, ça balançait pas mal. Ensemble, ils ont cherché un répertoire. Tâtonné. Commencé, déjà, à râler : pourquoi cette chanson-ci plutôt que celle-là ? On avait dit rock, mais là, est-ce que ça frôle pas un peu la pop ? Et en français ? On va en chanter aussi, des chansons en français ? Comment ça, on pourra pas garder nos textes en concert ? Il faut vraiment TOUT apprendre par cœur ???

Il y a Yvette, la doyenne, irascible directrice d'extrême gauche à la retraite. Monique, ancienne pâtissière de la place Turenne. José, dit Joss, qui rugit aussi fort, et même plus, qu'Eileen dans le film. Jacqueline dite «Jack», Bruxelloise pendulaire entre ici et là-bas, gaie, atypique et pleine d'allant, Éliane, épouse d'Edmond, tous deux très engagés dans le monde associatif. Bernadette la discrète, Andrée, Jean, Didier qui conteste, Nicole, Josette, Lyli qui pétille, Dom qui donne de la voix et Francine qui dit tout haut ce qu'elle pense, parce qu'« on a passé l'âge de se faire emmerder»... Ceux qui prennent toute la place ; ceux qui attendent de voir pour trouver la leur ; ceux qui voudraient bien mais n'osent pas ; ceux qui sont contents d'être là mais qui préfèrent qu'on ne les voie pas... « Dès le début, je les ai trouvés tellement attachants, touchants, complexes... On a cherché ensemble comment construire notre histoire, et notre répertoire. En rigolant, mais aussi en travaillant. Beaucoup ! » se souvient Nathalie, que sa jolie carrière de chanteuse n'avait pas préparée à diriger une telle bande d'énergumènes.

Et puis il y a eu le premier concert, au Kursaal, la belle salle de Malo-les-Bains où tous étaient déjà venus un jour ou l'autre, en tant que spectateurs. Le trac qui monte les semaines et les jours d'avant. L'excitation et la peur qui se mélangent si intimement qu'on ne sait plus si on a envie de monter sur scène ou de partir en courant. On s'est bien amusés, ces derniers mois, mais est-ce une raison pour se donner en spectacle ? À quoi va-t-on ressembler sur scène ? Une bande de vieux croûtons pathétiques qui retombent en enfance ? Des chanteurs du dimanche qui se prennent pour ce qu'ils ne sont pas ? Des amateurs maladroits qui embêtent tout le monde avec leurs lubies ?

Nathalie n'en mène pas large non plus. Elle a l'habitude de se produire, mais est-ce bien raisonnable de les exposer, eux tous auxquels elle est déjà si attachée et qu'elle aimerait tellement protéger, aux déconvenues d'un public mal embouché, d'un concert approximatif ? Qu'est-ce qui les attend, des sifflets ou des applaudissements ?

Ils y sont allés, « ensemble », et ça a été formidable. Tout le monde était sidéré : le public, qui a reçu avec stupéfaction l'énorme vague de joie et d'énergie des chanteurs ; les chanteurs, qui ont reçu avec stupéfaction l'enthousiasme grandissant du public, et découvert que plus ils chantaient, plus les gens d'en face se régalaient ; et Nathalie, émerveillée d'entendre et à voir cet étrange instrument vibrer à l'unisson. « Quel bonheur de voir leurs expressions, avec ce même sourire sur chacun des visages. On a prouvé qu'on valait quelque chose, on se l'est prouvé à nous-mêmes et aussi aux autres, venus nous encourager ou par curiosité. »

Trop jeunes pour disparaître

Malgré ce premier succès public, précédé du joli succès que représentent les premiers mois de vie de la chorale, leur capacité à « être ensemble », comme un vrai groupe, au milieu du joyeux chaos, et à faire une harmonie de toutes leurs dissonances, les choses tournent mal pour les Salt and Pepper. C'était écrit, prévu, annoncé : cette chorale était seulement une « expérience », une animation culturelle programmée le temps d'une année scolaire. Mission accomplie, budget épuisé, place à celui d'après.

Évidemment, ils ne l'ont pas du tout entendu de cette oreille. D'accord sur rien, à part sur un point : pas question d'en rester là. « Une fois que t'as kiffé sur scène, t'as qu'une envie, c'est de recommencer ! » « On venait à peine de comprendre pourquoi on s'était retrouvés tous ensemble en train de chanter, pas question d'arrêter. » « Ça aurait été un peu comme un *coitus interruptus*, tu vois ? » Oui, mais alors, qu'est-ce qu'on fait ?

Comme d'habitude, les avis sont partagés. Une fois qu'il a été clair qu'ils ne parviendraient pas à convaincre les responsables culturels à l'initiative du projet qu'il fallait absolument le faire perdurer, trois solutions se sont profilées. La première, c'était de laisser tomber, de faire un beau concert d'adieux et de ranger les Salt and Pepper dans le tiroir des chouettes souvenirs. Rejetée à l'unanimité (eh oui, ça arrive de temps en temps !). La deuxième, que Nathalie crée et gère une association dont la chorale serait une sorte de « cliente » à qui elle proposerait ses prestations. Et la troisième, que les choristes se fédèrent eux-mêmes en association, qui emploierait Nathalie et les musiciens professionnels intervenant lors des concerts.

Le débat a fait rage autour du thème déjà récurrent chez nos chers rockeurs : quelle solution garantissait le mieux leur sacro-sainte in-dé-pen-dance ? Quel était le meilleur chemin vers la li-ber-té ? Et, bien évidemment, ils savaient aussi tous à quel point c'est le nerf de la guerre, même s'ils le déploraient – certains ont passé leur vie à rêver de faire exploser le système : combien ça allait coûter, et où trouver l'argent ?

Même si ça en a l'air, ce n'était pas du tout anecdotique : les Salt and Pepper étaient déjà bien plus qu'une chorale où viennent chanter des retraités, comme le prévoyait le projet d'animation culturelle qui les a fait naître. Les Salt and Pepper étaient aussi, et même peut-être surtout, une bande de rebelles qui refusent d'abandonner. De subir. De laisser filer. Bien sûr, ils auraient voulu que tout soit simple et fluide. Être dispensés de toutes ces questions qu'ils s'étaient déjà coltinées toute leur vie, et leurs parents, leurs grands-parents avant eux. Comment on va s'en sortir ? Où on va trouver l'argent ? Qu'est-ce qu'on concède et sur quoi on ne lâche pas ? Quels moyens on invente pour ne pas perdre la main ? Ils étaient fils et petits-fils d'ouvriers, de marins ; enseignants, syndicalistes, travailleurs sociaux ; ils avaient élevé des enfants, affronté des tourmentes et des chagrins ; ils ne « voulaient plus être emmerdés » mais refusaient aussi d'être empêchés de faire ce qu'ils avaient envie de faire, ce qu'ils avaient pris plaisir à faire ; ce qu'il leur faisait du bien de faire.

Finalement, ils ont choisi la troisième solution. Ils ont décidé de créer une association, d'abord en collaboration avec les 4 Écluses, qui accueille leurs répétitions depuis toujours et qui restera à jamais pour eux leur « maison de famille », et puis en toute indépendance à partir de 2013. Philippe, arrivé quelques mois après les débuts, en a pris la présidence, entouré d'un bureau composé de Dominique, présidente adjointe, Françoise, trésorière, Jacqueline et Annie. Après des mois de tergiversations, tensions, discussions – mais sans avoir jamais cessé les répétitions, et en prenant toujours plaisir à se produire régulièrement –, le chœur a été enfin prêt à continuer d'affronter son destin. Et pour fêter ça, il s'offre un beau concert d'adieux aux 4 Écluses, serrés comme des sardines sur la scène trop petite, devant un public entassé dans la salle trop petite. « Mais c'était tellement bon ! »

Non seulement le rock'n'roll n'était pas mort, mais les Salt and Pepper étaient bien vivants !

4

HAPPY

Annie

Because I'm happy…
Come along if you feel like a room without a roof
Because I'm happy…
Clap along if you feel like happiness is the truth
Because I'm happy…
Clap along if you know what happiness is to you
Because I'm happy…
Clap along if you feel like that's what you want to do

PHARRELL WILLIAMS

Je ne connais pas d'autres chorales, mais celle-là m'a emballée sur-le-champ. Je l'ai découverte en 2015, dans une maison de retraite où je suis bénévole. J'ai été fan tout de suite ! Immédiatement, j'ai eu envie de bouger et de chanter avec eux, et je n'imaginais pas à quel point ça changerait ma vie.

J'allais mal, depuis longtemps. Serge, mon mari chéri pendant presque un demi-siècle, était mort deux ans plus tôt après sept années de souffrances. J'avais perdu ma joie de vivre et mon envie de chanter. Pourtant, les chansons ont toujours accompagné ma vie, avant. Et elle était drôlement jolie. Pas facile, mais jolie.

Quand j'étais petite, je chantais tout le temps. Je me souviens d'une rengaine qui exaspérait ma mère. Elle me disait « change de chanson » ! Il faut dire que c'était « Viens pleurer au creux de mon épaule », de Charles Aznavour. Drôle d'idée pour une petite fille de 8 ans, mais elle parlait d'amour et il faut croire que j'aimais déjà beaucoup ça, l'amour. J'aurais bien fait des études de musique mais mon papa m'a enlevée de l'école à 16 ans, deux mois avant que je passe mon CAP. Moi, je voulais être comptable, dans une entreprise moderne, avec des horaires, un salaire, et une vie bien tracée. Mais ce n'est pas ce que mon père avait décidé. C'était comme ça à l'époque, les petites gens restaient des petites gens. Il m'a mise à l'épicerie qu'il avait achetée pour ma mère, histoire d'arrondir nos très modestes fins de mois. Du jour au lendemain, je n'ai plus vu mes copains, coincée à la boutique et privée de vacances. J'ai eu du mal à accepter…

C'était dur, les journées commençaient tôt et finissaient tard mais moi, heureusement, j'aimais bien les clients. Les ouvriers qui venaient à l'aube chercher leur dose de bière ou de vin avant de commencer c'est vraiment un fléau, l'alcool, j'étais bien placée pour le voir. Vous imaginez ? Une dose en guise de petit déjeuner ? – et puis, au fil de la journée, les enfants qui achètent trois bonbons, les mères de famille qui triment avec le sourire, les gens seuls qui viennent au magasin sous n'importe quel prétexte tellement ils ont besoin de parler, les personnes âgées qui racontent toute leur vie… J'en ai appris des choses, grâce à mes clients ! J'en ai rencontré, des gens étranges et passionnants ! Tout ce que je sais, pratiquement, c'est eux qui me l'ont appris.

J'ai eu un client berrichon, qui me parlait pendant des heures des sorcières et des sorts qu'elles peuvent vous jeter. Je ne savais pas si je devais en avoir peur ou m'en émerveiller.

J'ai eu des sœurs polonaises, arrivées dans les années 30 pour travailler dans les champs de betteraves. Leur étrangeté me ravissait, et leur joli accent me faisait voyager.

J'ai eu des ouvriers, des ingénieurs, des contremaîtres avec qui j'ai arpenté toute l'histoire de l'industrie. Grâce à eux, je suis incollable sur les chaînes de montage.

J'ai eu un spécialiste de la construction des chars, qui m'a raconté leur apparition et comment il les a vus évoluer et se perfectionner.

J'ai eu par centaines des histoires de guerre, dont je ne connaissais que les ruines et les baraquements de Dunkerque au milieu desquels j'étais née et j'avais grandi. La Deuxième Guerre, mais aussi la Première, dont ils avaient tant souffert. Le chagrin des femmes, la terreur des hommes qui osaient enfin avouer à demi-mot ce qu'ils n'avaient encore jamais dit à personne.

J'ai eu, bien sûr, une jolie flopée d'histoires de coups de foudre, de demandes en mariage, de chagrins d'amour, d'amoureux transis, de maris jaloux, de rêveries volages, de *happy ends* et de tristes fins.

La vie défile toute la journée, dans une épicerie de quartier, et moi j'étais aux premières loges. Je les écoutais, je me réjouissais avec eux, je les secouais quand ils abandonnaient, je les consolais quand ils en avaient besoin… Mais je ne racontais pas ma vie à moi. Chacun à sa place, c'était comme ça.

Elle était chouette, pourtant, ma vie. Surtout depuis que j'avais rencontré Serge. C'était l'été 1962, il venait tous les soirs acheter un paquet de chewing-gums. Je ne me suis pas posé de questions, ça ne m'a pas paru bizarre, une telle consommation. Un soir, au bout de plusieurs semaines, il est arrivé avec une poche en papier qu'il a posée sur le comptoir en disant : « Tiens, je t'ai rapporté ça. » J'ai regardé dans le sac : il était rempli de ses paquets de chewing-gum. Je lui ai demandé : « Ben ? Ils ne sont pas bons ? » Il a rigolé et m'a répondu : « Tu n'as vraiment rien compris, toi... » Voilà comment ça a commencé, entre nous. Serge était un banlieusard de Paris, mais surtout il rentrait d'Algérie, où il avait fait trente mois de guerre. C'était un beau petit brun, élégant et drôle comme Errol Flynn. Au début, mon père n'était pas très emballé, il le trouvait beaucoup trop étranger pour sa fille. Mais on n'a pas lâché. On s'aimait tellement ! Un jour, ils en sont venus aux mains : en mettant Serge hors de l'épicerie, mon père a cassé la vitre de la porte. Je n'ai jamais compris pourquoi il était dur comme ça. Peut-être à cause de sa déportation en Allemagne, pendant la guerre. Je ne sais pas, il n'en a jamais parlé.

En tout cas, on a tenu, Serge et moi. Et on a fini par se marier, en 1964. On a eu trois petits, coup sur coup. Et une petite dernière douze ans plus tard. C'était une vie intense et bien remplie ! On était tellement heureux ensemble... On vivait au-dessus de l'épicerie.

Ce que j'ai fait, même si ça me pesait, j'ai toujours veillé à le faire de bon cœur. Tous les matins, avant de descendre, je passais mon tablier blanc et je mettais mon masque de gentille épicière en essayant d'oublier que j'aurais pu travailler tranquillement dans un service de comptabilité. Serge allait gagner son salaire à l'extérieur, il a fait mille métiers, mais quand sa journée était terminée, il venait me remplacer au magasin pour que je m'occupe des enfants. Et quand ça ne suffisait pas pour joindre les deux bouts, il m'aidait aussi la nuit à coudre des rideaux, au noir, pour une société qui me les commandait.

Ça ne nous empêchait pas de rigoler. Qu'est-ce qu'on a pu chahuter, mon Serge et moi ! Un jour, à l'épicerie, il a même failli me tuer. J'étais juchée sur un escabeau, en train de remplir les étagères du haut. Il est arrivé derrière moi et a glissé sa main sous ma robe pour me chatouiller. Plus je le suppliais d'arrêter et plus il me chatouillait. Je suis tombée, j'ai failli me briser la nuque.

On travaillait comme des damnés. La première fois qu'on a pris des vacances, c'était en 1981. J'avais 35 ans et lui 41, on a fermé le magasin huit jours pour emmener les enfants en Belgique, au parc d'attractions et à la pêche aux crevettes.

Ils ont grandi, et se sont bien débrouillés dans la vie. Ma petite épicerie de quartier était secouée par l'arrivée des grandes surfaces, mais nous aussi on se débrouillait – on s'est toujours débrouillés. Je faisais épicerie ambulante pour les trois maisons de retraite du quartier. Ça permettait de continuer l'activité, et de ne pas perdre le contact avec mes chers clients. On s'apprêtait à se faire une belle retraite, en amoureux, où la vie serait enfin un peu douce, mais Serge est tombé malade. Et là, j'ai découvert ce qu'est l'enfer… On aurait vraiment mérité que ça se passe autrement, mais on ne décide pas de ces choses-là. Quand il est mort, j'ai cru que j'allais mourir aussi, de chagrin.

D'ailleurs, je crois que c'est ce que j'étais en train de faire quand j'ai rencontré les Salt and Pepper. Ils sont ma résurrection. J'aime ce groupe, j'aime notre énergie, j'aime voir notre public se dérider et se déhancher, j'aime comment ça réveille mon cerveau, et mon cœur, et mon âme. Et même si Serge n'est plus là et que rien n'est pareil sans lui, j'aime avoir enfin retrouvé la joie.

5

AH, TU VERRAS

Sylviane

Ah, tu verras, tu verras
Tout recommencera, tu verras, tu verras
Tu me verras, chérie, allumer des clartés
Et tu verras tous ceux qu'on croyait décédés
Reprendre souffle et vie dans la chair de ma voix
Jusqu'à la fin des mondes

CLAUDE NOUGARO

Un jour de septembre 2016, je promenais mes chiens dans mon quartier. Il faut bien l'admettre, ça n'allait pas très fort : j'étais en fin de traitement à cause d'une petite saloperie dont je préfère ne pas parler. Quand j'ai appris ça, ça m'a décapitée. C'était la dernière catastrophe d'une longue série dont je ne voyais plus le bout. Dix ans plus tôt, mon mari était mort de la même saloperie, juste après ma sœur et juste avant mon filleul, qui a fait une crise cardiaque. Et puis mon père a suivi et, quelques mois plus tard, un copain qui s'est suicidé… Moi qui m'efforce d'être toujours gaie, sur le thème « Tant qu'il y a de la vie il y a de l'espoir », j'avoue que j'avais la tête pleine de mauvaises idées et le moral dans les chaussettes. Voire six pieds sous terre, c'est le cas de le dire.

Je suis passée devant la petite salle des fêtes. Par la porte entrebâillée, j'ai entendu un truc qui a titillé ma mémoire : « We don't need no education / We don't need no thought control… » Je ne sais pas si c'est comme ça chez les autres, mais moi ça chante sans arrêt, dans ma tête. Immédiatement, mon cerveau s'est mis en marche, comme un juke-box, pour retrouver cette chanson qui m'a ramenée à ma jeunesse : Pink Floyd ! « Hey, teachers, leave the kids alone ! / All in all it's just another brick in the wall… »

La chose bizarre, c'est que cette chanson ne sortait pas d'une radio ou de je ne sais quelle sono : elle sortait de la salle des fêtes, chantée par une chorale. Je n'avais jamais entendu ce genre de chanson chanté par une chorale… J'ai continué ma promenade en fredonnant « The Wall », mais finalement, ma curiosité a été plus forte. Je suis revenue sur mes pas pour jeter un œil, discrètement, par la porte entrebâillée. Je voulais voir qui étaient ces gamins qui chantaient des chansons de quand ils étaient pas nés. Et là, je n'en suis pas revenue : ils avaient tous mon âge ! Pendant qu'ils attaquaient « Antisocial tu perds ton sang-froid », avec une énergie à faire remonter n'importe quelle paire de chaussettes, je suis rentrée chez moi pour taper « chorale senior » sur Internet. Je n'ai pas mis longtemps à les trouver. Je me suis vaguement souvenue les avoir croisés, un jour, à un concert, sans m'être arrêtée ni sentie concernée. Mais cette fois-ci, je ne les ai pas laissés passer : j'ai envoyé un mail, immédiatement.

Voilà comment je me suis retrouvée chez les Salt and Pepper. Au début, je n'en menais pas large. Je me suis faite toute petite le temps d'observer, de faire connaissance et d'apprendre le répertoire. C'est impressionnant de débarquer dans un groupe déjà constitué, qui a toute une histoire, où tout le monde se connaît. J'avais chanté dans un chœur, bien des années plus tôt; du chant classique à l'académie de musique. Rien à voir ! Une chorale rock, ça a du nerf, du caractère, de l'électricité. J'ai fait bien attention de m'y frotter en douceur, pour ne pas trop m'y piquer.

Ils ont cru que j'étais réservée, mais ça n'a pas duré très longtemps. Ça m'a fait un bien fou de me concentrer sur autre chose que ce qui fait souffrir, d'apprendre les chansons et de rencontrer des gens nouveaux. Ma vraie nature a fini par reprendre le dessus, au fur et à mesure que mes forces revenaient : moi, depuis que je suis toute petite, je fais le clown. J'amuse la galerie, je change les idées, je mets de la joie. Dans ma famille, c'était comme ça : mon père passait ses journées à enregistrer la radio sur des cassettes pour pouvoir apprendre les chansons et qu'on les chante en famille. Ma tante était un vrai pinson, ma marraine chérie roucoulait du matin au soir avec *chon cheveu chur* la langue – elle disait toujours : « Ch'est pas grave, ch'est même un charme de pluche » – et moi, j'ai toujours chanté. J'avais des cahiers de chansons, j'imitais les chanteuses, je pleurais pour accompagner mes parents au bal et je finissais toujours debout sur la table en train de chanter et de danser. Un jour, ma sœur m'a inscrite à un radio-crochet. J'étais tétanisée. J'ai chanté « Ils s'embrassent », de Mireille Mathieu, juste avant un gars qui imitait très bien Claude François. Une autre fois, quand j'étais étudiante et que je bossais à l'usine pendant l'été, le contremaître m'a fait monter en grade juste parce que je chantais Édith Piaf en travaillant !

Plus tard, je chantais aux mariages, aux pots de départ à la retraite, aux anniversaires… Pendant toute ma carrière d'aide-soignante, pour amuser les malades, j'ai réinventé des paroles.

C'est aujourd'hui dimanche
On a du pain gâteau
Et du pain sur la planche
Ça c'est moins rigolo…

Ou bien :

Toujours au turbin du soir au matin
Moi j'en ai marre
Posez donc monsieur votre joli popotin
Sur le plumard

Ça faisait marrer tout le monde. La vie est quand même plus jolie quand on peut être ensemble et rigoler. À plus forte raison quand elle n'est pas très rigolote.

Je me souviens de mon père qui piquait les vêtements de ma mère et qui disparaissait quatre ou cinq jours pour « faire carnaval ». À l'époque, les femmes restaient à la maison pendant que les hommes allaient faire les fous et boire l'argent de la famille. Ça la rendait dingue. On comprend pourquoi : avec le seul salaire de docker de mon père et quatre enfants à la maison, il ne restait jamais grand-chose à la fin du mois.

Quand ça a été mon tour, et que mon mari, Emidio, l'amour de ma vie, m'a fait lui aussi marcher sur la tête, j'ai cru que j'allais devenir folle. Mais il n'y avait pas que ça. Il y avait aussi tous les bons côtés. Les heures à chanter ensemble, lui à la guitare et notre fille à la flûte, nos deux garçons à la trompette et à la guitare. Les rires, la joie, les petits bonheurs, les réconciliations. L'amour... La chanson de ma vie, c'est « Ah, tu verras » (« Tu verras »), de Claude Nougaro. Je ne peux pas l'écouter sans pleurer... Moi, j'ai choisi de pardonner. On ne peut pas vivre avec la colère.

Depuis qu'Emidio n'est plus là, je remplis ma vie d'autres gens. Les migrants, échoués à Grande-Synthe dans des campements indignes, qui ont tellement besoin d'aide et d'humanité. Les pensionnaires de la maison de retraite de ma mère et de ma marraine, que je vais distraire avec mes petits chiens et mes clowneries. Mes enfants et mes petits-enfants merveilleux. Mes collègues, adorables, et mes copines, avec qui je fais des soirées pyjama-karaoké endiablées, quand on ne va pas danser à La Pilotine.

Et puis les Salt and Pepper. J'ai tellement bien fait de revenir sur mes pas, ce jour-là ! Avec eux, grâce à eux, j'ai pu recommencer à chanter, bouger, gueuler tous mes chagrins et surtout, surtout, retrouver ma joie de vivre. Ça tombe bien : au bout du compte, c'est ce que j'ai de plus précieux.

6

STAND BY ME*

Prendre sa retraite

If the sky that we look upon
Should tumble and fall
Or the mountains should crumble to the sea
I won't cry, I won't cry,
No, I won't shed a tear
Just as long as you stand, stand by me
Stand by me

BEN E. KING

*RESTE PRÈS DE MOI

Et maintenant, que vais-je faire ?

On bosse, on bosse, et puis un jour, attendu avec impatience ou redouté avec inquiétude, on s'arrête. Les collègues organisent un pot et vous collent un cadeau dans les bras, on trinque en promettant de se donner des nouvelles et puis on rentre à la maison.

Pour certains, le vertige est immédiat, comme dans la chanson de Bécaud : « Et maintenant, que vais-je faire de tout ce temps que sera ma vie ? » Pour d'autres il est plus sournois, et prend des chemins de traverse. La retraite, au début, ça vous a un petit air de premiers jours des grandes vacances : agenda bien rempli, listes de choses à rattraper qu'on va enfin avoir le temps de savourer, enfants, petits-enfants à épauler et à chouchouter. Il faut « le temps de s'organiser ». D'attendre, parfois, que son conjoint arrête lui aussi de travailler. De prendre le rythme, de mesurer la vastitude de l'espace qui s'offre à vous. De choisir et d'organiser sa nouvelle vie.

Yoga, longe-côte, randonnée, danse classique, généalogie, associations humanitaires, zumba, permis bateau et moto, jardinage, apprentissage de langues étrangères, foot, accompagnement d'enfants, cuisine, théâtre, musique, chorale(s), photo, reliure, atelier d'écriture, vélo, lecture… Pour garder la forme, pour rencontrer des gens nouveaux, pour entretenir sa mémoire, pour ne pas mourir d'ennui, pour respirer enfin, pour élargir son champ d'action, pour être utile, pour s'amuser. Chacun compose sa formule !

Pour Dolly, la retraite, c'est un nouveau départ. « J'ai enfin pu faire ce que je n'avais jamais eu le temps de faire : j'étais professeure des écoles habilitée à enseigner l'anglais, j'ai repris mes études, et obtenu un diplôme de Cambridge dont je suis très fière. J'ai aimé être au milieu des jeunes étudiants, je me suis même fait des amis. Et comme j'ai toujours aimé danser, contrairement à mon mari qui préfère le foot, je me suis aussi inscrite à des cours de danse slave, et de danses de salon. Et tant pis pour lui ! » Brigitte aussi danse souvent. « J'adore, j'adore, c'est une vraie addiction. Un exutoire, quasi démoniaque. Moi, en dehors de la chorale, je ne vois pas grand monde. Les Salt and Pepper sont un groupe vraiment intéressant de gens cultivés et intelligents ; des seniors pas gnangnan. C'est tonique ! Avec eux, je me sens jeune, je n'ai pas l'impression d'avoir mon âge. Et j'aime ce qu'on dégage : une bonne équipe, une bonne énergie, la bonne humeur. Faire enfin des trucs que j'aime, comme la chorale, la danse de salon, la peinture ou le théâtre, c'est une revanche sur la vie. »

Les Salt and Pepper font aussi partie de la nouvelle vie de Jacqueline, qui a commencé en 2010, quand elle a pris sa retraite et décidé de faire la navette entre Bruxelles, où elle a encore une maison, et Bray-Dunes où elle en a trouvé une deuxième. « Je suis venue à la chorale parce que c'était du rock. J'étais célibataire, mes enfants étaient grands, ça m'a laissé le temps de mémoriser tous les nouveaux morceaux, ce qui représente un sacré boulot. C'est un vrai plaisir de chanter avec eux. Un à un c'est pas terrible, mais quand on est tous ensemble, ça marche. Ce que j'adore, c'est voir le public être accroché par ce qu'il entend, s'approcher et être sidéré de découvrir que ça vient de nous ! Ou la tête du personnel des maisons de retraite quand ils voient arriver une chorale de vieux et qu'ils découvrent ce qui sort de nos gorges ! Et puis, en 2012, j'ai rencontré un amoureux lillois. J'ai eu un petit-fils, et lui une petite-fille : nous voilà grands-parents ! Parfois, ça devient bien compliqué de faire entrer tout ça dans mon emploi du temps… »

La retraite, c'est tout un programme, chez les Salt and Pepper comme ailleurs : la chorale fait partie des souvent fort nombreuses activités des choristes, dont certains sont carrément plus débordés que lorsqu'ils travaillaient ! Mais les Salt and Pepper, pour la plupart d'entre eux, c'est bien plus qu'une activité parmi les autres…

Une bande de fous sur un podium

Pour Bernard, par exemple, la rencontre fut explosive ! Et salutaire… « Je m'étais fait une autre idée de la retraite. Ça a été très, très dur, pour moi, de ne plus bosser. L'année où je me suis arrêté, en 2011, ma femme s'est fracturé la cheville. Je me suis occupé d'elle *non-stop* pendant trois mois. Et puis notre fils a divorcé, dans des conditions compliquées. Et là, j'ai plongé.

Heureusement, un jour de décembre 2014, au marché de Noël de Bergues, j'ai découvert une bande de fous sur un podium en train de chanter du rock. Ils avaient mon âge, ils chantaient la musique que j'écoute et que je chante tout le temps, ma femme m'a dit : "Ça, c'est un truc pour toi." Sur scène, j'ai reconnu Annie, notre voisine, et dans le public son mari. J'en ai parlé avec lui, il m'a donné les contacts et je suis allé à une répétition, tout penaud et un peu timide. On m'a accueilli à bras ouverts : "Chouette, un homme !" Ils apprenaient "Les Corons", de Pierre Bachelet. Tu parles d'un rock ! J'ai été recruté ce jour-là, sur "Les Corons". On ne l'a jamais rechantée.

Depuis ce jour, j'y vais en courant. J'ai retrouvé la pêche en quelques semaines. J'ai bossé comme un fou pour apprendre les trente titres déjà au répertoire : j'écoute les chansons en boucle sur mon MP3. Dont soixante-dix pour cent en anglais, faut quand même les ingurgiter ! De fil en aiguille, le matériel sono s'est retrouvé dans mon garage, et je me suis retrouvé, moi, vice-président. Je ne me doutais pas du travail que ça représente, la gestion d'une association. C'est infernal ! Mais à un moment où j'en avais vraiment, vraiment besoin, j'ai senti que je faisais partie du groupe et ça, c'est important. Précieux, même. »

« Pour moi, murmure une autre, la retraite, c'est effrayant. J'accumule les activités pour ne pas voir et entendre le grand vide dans lequel j'ai l'impression de me retrouver. » La dernière Pascale arrivée, elle, a attaqué dès le début de sa retraite « la liste des exploits à réaliser avant de mourir », parmi lesquels sauter en parachute, voler en parapente et en hélicoptère, apprendre à tricoter et à jouer aux échecs, se perfectionner en informatique, se lancer sur les chemins de Compostelle, et aussi prendre au moins un Bain des givrés (une baignade de mer collective, tous déguisements autorisés, qui a lieu à Dunkerque le 1er janvier) – « ça, c'est fait » –, et intégrer les Salt and Pepper – ça aussi. « Je ne suis arrivée qu'en 2017. Avant, je travaillais pour la ville de Dunkerque ; j'étais notamment chargée d'organiser des animations dans les parcs, l'été. C'est comme ça que je les ai découverts. Quand je les ai vus débarquer, et entendus chanter, je me suis dit : « Quand je serai vieille, je ferai ça. » Ils font tellement envie ! C'est eux que je voulais. Je ne suis toujours pas vieille, pas plus qu'eux, mais dès que j'ai pris ma retraite je me suis inscrite. Depuis, j'apprends le répertoire. J'écoute les bandes-son en boucle, et je potasse les textes envoyés par les uns et les autres. J'ai été super bien accueillie. Et l'enregistrement du CD m'a permis de faire connaissance très vite avec le groupe. »

Do you speak english ?

La plupart des Salt and Pepper ont vaguement appris l'anglais il y a très, très longtemps, à l'école, et ne s'en sont jamais servi de toute leur vie. Chanter en anglais est une des grandes difficultés, pour eux. Tous les moyens sont bons pour s'en sortir : des fiches en phonétique, proposées par Annie, qui a aussi créé un petit atelier d'anglais pour ceux qui veulent ; une bande-son qui tourne en boucle sur leur MP3 pour tatouer leur cerveau de manière subliminale ; des traductions glanées sur Internet pour comprendre ce que l'on chante et y trouver des astuces mnémotechniques… « C'est long d'apprendre un répertoire en anglais. Moi, j'étais nul, au lycée : j'ai eu 4 au bac », grommelle Jean-Marc, aussi accro que Jocelyne, qui a également du mal avec l'anglais. « Mais quand même, c'est plus rassurant de bien maîtriser les paroles. Je suis arrivée il n'y a pas bien longtemps, j'ai dû apprendre tout le répertoire d'un coup. C'est pas facile. J'ai tous les morceaux sur une clé USB et je les écoute beaucoup, beaucoup, pour me les mettre dans la tête. » « Eh oui, confirme Christiane : c'est dur d'apprendre à notre âge ! Moi, j'avoue, c'est mon seul vrai effort de mémoire, la chorale… »

Patricia, elle, n'a pas de problème avec l'anglais : elle l'a enseigné pendant toute sa vie professionnelle. « Mais quand on s'est mis dans la tête de chanter "Satisfaction" en flamand, là j'ai compris ma douleur : je suis admirative des choristes qui apprennent toutes nos chansons en anglais sans savoir le parler. C'est horrible de chanter dans une langue qu'on ne comprend pas… » D'autant plus horrible quand ces efforts ne mènent à rien de probant : si l'idée de chanter les Rolling Stones en flamand était culottée mais logique, pour une chorale dunkerquoise, le public n'a jamais apprécié la malice de ce choix. Que les Salt and Pepper ont donc fini par abandonner, malgré le mal de chien qu'ils avaient eu à mémoriser la chanson…

Forever young

Le travail c'est peut-être la santé, mais la chanson c'est pas mal pour la conserver ! Il n'y a pas que sur le niveau d'anglais des choristes que l'effet Salt and Pepper se fait sentir. Si les négociations et les débats échauffent parfois un peu trop les esprits, jusqu'à troubler l'humeur ou le sommeil de certains, globalement, les avis sont unanimes sur un point : faire partie des Salt and Pepper fait du bien. « Après avoir passé du temps ensemble, s'étonne Jocelyne, je me sens détendue et j'ai la pêche. Une répète, ça vaut un cours de gym ! Je me souviens de mon premier concert au Château Coquelle, un centre culturel associatif : j'avais mal au ventre. Maintenant, ça va. J'ai compris que ce n'est pas la peine d'avoir le trac, on est protégés par le groupe ! » Le trac, Josiane aussi sait de quoi il s'agit : elle est extrêmement timide. « Je fais un gros effort pour venir à la chorale, mais j'aime chanter en groupe. C'est très important, on est ensemble pour communier à quelque chose. J'aime aussi chanter en anglais, ça complète les cours que je prends. Ce répertoire, c'est notre jeunesse… »

Jean-Marc, un ancien collègue de José, est lui aussi arrivé en cours de route. « Ce n'est pas toujours facile de se faire une place dans un groupe de caractère. Heureusement, j'ai la chance d'être un homme, on est si peu nombreux que c'est plus rapide ! » Il en a quand même bien bavé pour apprendre les chansons, mais ça lui a permis de redevenir très ami avec… sa guitare ! « Quand on est seul avec sa gratouille on se débrouille, mais être en harmonie avec le groupe, s'écouter les uns les autres et soi-même, ça s'apprend. Alors j'ai repris la guitare électrique avec Jo, le musicien professionnel qui nous accompagne en concert. Il faudrait que je travaille beaucoup pour être capable d'accompagner moi aussi nos concerts à la guitare, et je n'ai pas envie de m'astreindre à ça. Quatre ou cinq heures par semaine, ça me suffit. On a passé l'âge de se faire emmerder, on vient quand même pour rigoler ! »

Pour rigoler, et parfois même pour retomber en enfance. La preuve parfaite de cette délicieuse régression, ce sont les chansons malicieuses de Sylviane, qui ne manque pas une occasion d'amuser la galerie. Un de ses grands succès fut son remake du « Zizi », de Pierre Perret, spécialement dédié à Nathalie :

Tout tout tout vous saurez tout sur Nathalie
Sur sa technique même sur ses tics
Sur sa façon de nous expliquer
En mi en fa, comment chanter
En vieux français en bel anglais
Tout tout tout je vous dirai tout sur Nathalie
Elle dit allez allez les ténors ô gué ô gué
Montrez donc dans un ultime effort ô gué ô gué
Vos anciennes cordes vocales
Aux pin-up de la chorale
Les alti leur sautent dessus
Mon Dieu comment ça pue
Une soprane s'approche un peu curieuse
Et s'écrie moi je ne vois que des dents creuses
Elle dit il faudra pour les novices
Maîtriser votre bel appendice

Elle dit et vous les anciens, c'est fini les va-et-vient
Elle dit restez sur vos chaises
Sinon c'est l'Père-Lachaise
Et sans hésiter elle nous fait faire
des vocalises avec des voix d'mégères…

Pour rigoler, mais pas seulement ! Pour certains, ce nouveau chapitre de l'existence marque des changements profonds, intimes, dans leur manière d'aborder la vie. « On est une famille secrète, confie Jocelyne. Ma mère a 91 ans. Elle commence enfin à me raconter sa vie et à me parler un peu d'elle. Et ma fille me dit : "On ne te dit pas tout pour ne pas te faire de peine." J'ai fait ça, moi aussi, avec ma mère. L'intérêt d'avancer en âge, c'est qu'on a le temps. On peut partager des moments comme ça… »

Une fois arrivée leur retraite, la douce et discrète Éliane et son mari ont décidé de faire des choses chacun de leur côté, « pour ne pas être tout le temps ensemble, et avoir des choses à se raconter. C'est intéressant de ne pas être dans les mêmes groupes, et d'avoir chacun sa vie propre. La retraite, ce n'est pas une fin, c'est le début d'autre chose. Une nouvelle existence à créer où on peut enfin choisir. Moi, je me régale... » Janine aussi, pour d'autres raisons : elle aime l'insolite, et a choisi les Salt and Pepper parce que, justement, c'est à l'opposé absolu de son univers habituel. « Je suis rebelle mais de manière très discrète. Je ne me laisse jamais enfermer nulle part ni par qui que ce soit. Je ne chante jamais en solo, parce que je suis très timide et que je manque de confiance en moi. Ce qui me plaît, à moi, c'est de répéter les phrases jusqu'à les maîtriser. Je crois que je suis la seule de la chorale à préférer les répétitions aux concerts ! L'énergie de ce groupe me plaît. On a plaisir à se retrouver et j'apprends des trucs que je ne connais pas. »

Même si ça ne saute pas aux oreilles quand on les entend s'emballer sur « Highway to Hell » ou « La Fille du Père Noël », ni aux yeux quand on les voit exploser d'énergie sur scène, une des grandes forces des Salt and Pepper est, sans doute, d'être composé de petits jeunes que la traversée d'une vie a rendus plus... sages. Ils savent que pour *empêcher le ciel de s'écrouler et les montagnes de dégringoler*, rester les uns près des autres, comme dans la chanson « Stand by Me », est une bonne solution. « On a soixante ans d'expérience, on sait relativiser, souligne Janine. On est là pour chanter, c'est le but ! »

7

FOR ME FORMIDABLE

Annie

You are the one for me, for me, for me, formidable
Et je voudrais pouvoir un jour enfin te le dire
Te l'écrire dans la langue de Shakespeare…

CHARLES AZNAVOUR

J'aime le rock depuis que je suis toute petite. Mon père et ma mère se sont mariés en 1945, à la Libération, sur la musique de Glenn Miller. Mon père était ouvrier boulanger au bureau d'aide sociale de Roubaix et ma mère ouvrière textile. À la maison, le poste était toujours allumé, on écoutait Radio Luxembourg autant que la BBC. Mon enfance a été bercée par Eddie Cochran, Fats Domino, Gene Vincent, Ricky Nelson… On connaissait tous les airs, du music-hall anglais à la variété française. Il y avait aussi le violon de Helmut Zacharias que ma mère aimait, les valses de Strauss que ma grand-mère, qui jouait du violon, adorait, et l'harmonica de mon père qui nous accompagnait quand on chantait… Mes parents étaient fous d'Elvis Presley, ils ont vu tous ses films au fur et à mesure qu'ils sortaient, entre ceux de Gary Cooper, James Dean, etc. Ils achetaient beaucoup de disques.

Dès que j'ai pu, je me suis procuré les revues avec les paroles des chansons en anglais. Toute la famille était fan des Shadows, de Cliff Richard et de Paul Anka. On ne parlait pratiquement que de ça ! On se gavait de rock anglais sur Radio Caroline…

Ma première correspondante anglaise était dingue des Beatles. Elle m'avait envoyé le 45 tours de « She Loves You », que j'écoutais en boucle…

J'ai toujours aimé avoir des correspondants. Dès notre première année d'anglais au lycée, il nous a été recommandé de correspondre avec des lycéens du monde entier, alors j'ai rempli beaucoup de petites fiches d'échange… J'ai commencé par correspondre en anglais un long moment avec un Japonais, qui ne m'a plus jamais répondu après un tremblement de terre. Je l'ai recherché, sans succès, je me demande encore aujourd'hui ce qu'il est devenu. Il y a eu aussi Christos, un Grec à qui j'écrivais en français, qui a poursuivi ses études de médecine en Grande-Bretagne, puis une année à Lyon, où je l'ai rencontré, puis retour en Grande-Bretagne où j'ai perdu sa trace. Et puis Greg, un Américain du Michigan, qui voulait devenir homme politique, à qui j'écris toujours, depuis que j'ai 12 ans ! Il était étudiant en « histoire ancienne » : c'était l'histoire de l'Europe, notre histoire à nous ! J'ai dû me documenter pour le suivre dans nos échanges. Il me parlait aussi de sa passion pour Raquel Welch, et de la musique de Neil Diamond, Dolly Parton, Carole King. Comme beaucoup d'étudiants américains, à la fin de ses études, il a fait son tour d'Europe, dont un tour de France en stop avec moi en 1969. C'est là qu'il m'a convaincue que je pouvais venir visiter le Michigan l'année suivante.

En plus de mes correspondants et de toute cette musique dont je me remplissais les oreilles, il y avait mon oncle Albert, un soldat écossais que la sœur de ma mère avait rencontré à la Libération, et avec qui elle s'était mariée. Il parlait le français avec un magnifique accent écossais. Durant ses congés d'ouvrier textile, il faisait des extras comme serveur dans les grands hôtels du Touquet. Quand on allait lui rendre visite, c'était comme un voyage dans un autre monde…

J'aimais tellement apprendre l'anglais que j'aurais aimé l'enseigner. J'étais lycéenne en filière technique. Je savais que mes études s'arrêteraient en première, avec un brevet d'études commerciales (BEC). Grâce à l'action de mes professeurs, j'ai échappé au BEC Secrétariat auquel on me destinait, et j'ai passé un BEC Économie et Distribution. Mais quand j'ai voulu poursuivre en terminale pour viser un équivalent bac, mes parents n'ont pas cédé : il n'avait jamais été prévu d'études supérieures.

Nous étions quatre enfants et nos parents tenaient à ce que tous, nous fassions des études. Je suis l'aînée et, finalement, la seule à avoir rempli leur souhait...

Mon premier boulot, c'était au service comptabilité des 3 Suisses. Mais moi je n'avais pas abandonné mon idée de faire de l'anglais. J'ai écrit à la banque anglaise de ma ville, la Lloyds, et j'ai accepté un emploi de mécanographe en me disant que ça serait un bon moyen d'y arriver. Je n'étais pas tellement plus avancée : tous les termes techniques étaient en anglais, les formulaires étaient bilingues, mais on parlait français et tous mes espoirs de stage en Grande-Bretagne se sont envolés. En plus, j'étais moins bien payée qu'aux 3 Suisses !

Quand j'ai eu 22 ans, avec les économies que j'avais réussi à faire sur ma petite paie d'employée, je suis partie trois semaines chez Greg, en Amérique, et deux ans plus tard, j'y suis retournée pour un *road trip*. J'ai fait un grand tour du pays, toute seule : Boston, Washington, New Orleans, Chicago, Detroit… Je me suis bien débrouillée, il ne m'est rien arrivé de grave même si je me suis retrouvée une fois ou deux dans des endroits où ni Greg ni aucune de ses relations n'auraient mis les pieds, à l'époque ! Moi, j'étais insouciante et confiante, je n'avais peur de rien, je me laissais guider par ma curiosité. C'était les années 70, j'étais enfin majeure et libre, rien ni personne ne pouvait m'empêcher de faire ce dont j'avais envie ! J'ai même fait un crochet jusqu'à Montréal.

Greg, sa famille, la mienne, mes amis, tout le monde pensait que je finirais par décider de m'installer aux États-Unis. Mais moi, je ne m'y voyais pas. On était en pleine guerre du Vietnam et j'ai frotté ma chère liberté de penser à leurs règles sociales. Je venais d'une famille où on discutait beaucoup ; beaucoup plus que ça n'était autorisé là-bas. Je n'aurais pas supporté de vivre dans une société si corsetée… La famille de Greg me permettait et même m'encourageait à m'exprimer, mais leurs voisins de l'époque se souviennent encore de moi !

Je suis rentrée en France, et j'ai repris ma petite vie d'employée. J'ai continué mes cours du soir pour améliorer mon anglais, et les vacances suivantes, je suis allée me balader en Écosse et en Irlande.

En 1974, tout a changé ! Au printemps, les banques françaises se sont mises en grève pour une révision de la convention collective nationale. Dans l'agence, nous nous sommes mobilisés à l'appel de la CGT. Grâce à elle, j'ai pu faire reconnaître mes compétences professionnelles et, par la suite, le syndicat m'a proposé des mandats syndicaux professionnels et interprofessionnels. Je n'ai jamais cessé de militer, même après la fermeture de mon agence en 1996. C'est au cours de ces mandats que j'ai rencontré Jean-Marc, un métallo engagé aussi, qui est devenu directeur des affaires financières, puis carreleur-mosaïste, puis artiste mosaïste. Nous ne nous sommes plus quittés, et continuons de nous battre ensemble contre les injustices en général et les méfaits du capitalisme en particulier.

À un moment de ma vie, alors que le travail bancaire devenait de moins en moins intéressant, j'ai eu la possibilité de reprendre mes études. Je ne sais pas ce qui m'a pris, j'ai raté le coche : j'aurais pu m'inscrire à la fac d'anglais pour enfin devenir prof mais je crois que je n'ai pas osé. Je n'avais pas le modèle pour me lancer.

Il a fallu que j'attende encore quelques années pour que mon rêve de jeunesse se réalise enfin. Quand la petite entreprise pour laquelle je travaillais s'est installée à Paris, j'ai refusé de la suivre et je me suis retrouvée au chômage. C'était en 2000, Jack Lang, ministre de l'Éducation nationale, a proposé aux personnes pratiquant l'anglais d'intervenir auprès des élèves de primaire. J'ai pu suivre une petite formation continue qui m'a permis de réaliser mon rêve : pendant six ans, j'ai donné des cours d'anglais à des enfants, du CE2 au CM2. C'était très ludique, je m'y suis éclatée.

Un jour, j'ai vu sur le journal un appel à la création d'une chorale rock senior. Je n'allais pas rater ça ! Je me suis dit que c'était exactement ce qu'il me fallait : une bande d'énervés et les chansons de ma jeunesse, en VO. Je me suis inscrite immédiatement, et je n'ai jamais lâché : même si le groupe est parfois un peu compliqué à vivre, ça nous fait du bien, à tous, de chanter ensemble.

Et, bien évidemment, dès que j'ai senti que ça pourrait être utile, j'ai créé un atelier pour aider mes camarades choristes qui n'y connaissent rien à pouvoir mémoriser et prononcer le répertoire. En anglais.

8

BORN TO BE WILD*

José

Take the world in a love embrace
Fire all of your guns at once
And explode into space
Like a true nature's child
We were born, born to be wild
We can climb so high
I never wanna die

STEPPENWOLF

*NÉ POUR ÊTRE SAUVAGE

Par conviction politique, j'obéis toujours à la loi du groupe. Mais bon sang qu'est-ce qu'ils m'emmerdent ! C'est une histoire de dingues, les Salt and Pepper : « chorale » et « rock », c'est déjà totalement incompatible. Alors si en plus on rajoute « seniors »…

C'est sans doute parce que je suis dingue moi aussi que je les aime autant. Autant qu'ils m'emmerdent, je dirais. Mais ils s'y font et je m'y fais. Moi, ce qui me plaît dans le rock, c'est la violence, la rage, la dissonance. Je ne chante pas, je vocifère. J'éructe. J'explose. Aux murmures et aux voix basses, je préfère les hurlements. Le rock est un exutoire qui doit passer par le corps, la pulsation, l'énergie. Pas par le cerveau. Les paroles, on s'en fout, c'est la musique qui compte. La gestuelle. Le combat. Avec ça, on fait des concerts du feu de dieu !

Je fais le fou parce que je suis fou, je ne peux pas m'en empêcher. Je souffre, je suis toujours minoritaire. Je suis en colère contre tout mais ça ne me prive pas d'être bien. Parfois. Souvent. Tant que je peux gueuler, je suis heureux.

Je me souviens du jour où je les ai rencontrés. J'avais vu l'annonce sur le journal, pour la projection du film *I Feel Good*, et la proposition d'une chorale rock. J'y suis allé parce que ça m'intriguait, et que je me demandais comment c'est possible, un truc pareil. Les premières images du film, c'est une très vieille femme qui pousse un énorme cri avant d'entonner « Should I Stay or Should I Go ». Elle m'a scotché. J'avais 64 ans, elle 93. Je me suis dit : « Si elle peut faire ça, je peux le faire aussi. » Je me suis inscrit tout de suite, pour voir. Ça a rallongé d'une ligne la longue liste de toutes mes activités – j'ai jamais tant bossé que depuis que je ne bosse plus !

On a commencé à répéter des chants avec Nathalie. Ils m'énervaient déjà, tous ; je rêvais d'une bande de rockeurs et c'était un groupe de choristes. Retraités, en plus. Je me suis demandé si j'allais rester – *should I stay or should I go ?* comme la vieille dame du film. Et puis il y a eu le premier concert au Kursaal à Malo, et là j'ai su tout de suite que je resterais. Je ne sais pas comment elle s'est débrouillée, mais Nathalie nous a embarqués dans un truc hallucinant. On s'est mis à vibrer, tous ensemble, avec une puissance qu'on n'avait pas sentie pendant les répétitions. Ça nous a fait tellement de bien, et au public aussi ! Quand on s'est arrêtés, on était tous sonnés.

Voilà comment je suis devenu accro aux Salt and Pepper. Avec eux, je peux transformer en show la fureur qui m'habite depuis toujours. Je ne sais pas pourquoi, mais elle est là. Je me souviens que je la trimbalais déjà au milieu des baraquements de Cappelle-la-Grande où je suis né et où j'ai passé mon enfance. C'était pas loin de Dunkerque, mais c'était quand même complètement ailleurs. Un jour, j'étais en sixième, le prof de français nous a demandé d'acheter *Le Malade imaginaire* de Molière, pour le lire et l'étudier. Il n'y avait pas de livres à la maison, et pas de librairie à Cappelle. Je suis allé à pied jusqu'à Dunkerque, une pièce de 100 francs dans ma poche – c'était pas rien,

100 francs, pour le budget familial – pour acheter mon premier livre. Je suis arrivé au centre-ville, rue Poincaré et j'ai poussé la porte de la librairie. Je me suis avancé timidement vers le libraire à l'air sévère, que j'avais l'impression de déranger. Moi d'habitude si grande gueule, j'ai bafouillé pour expliquer ce que je voulais. Je ne sais pas si ça venait de moi ou de lui, mais j'ai vu dans ses yeux l'agacement, le mépris, la condescendance. Il m'a tendu le bouquin, je m'en souviens encore : un Classique Larousse, couverture violet et blanc. Il m'a dit « c'est 100 francs » et j'ai senti qu'il se demandait si j'aurais de quoi les payer. Si un pouilleux comme moi avait les moyens de s'acheter un livre. Si j'allais assumer jusqu'au bout d'avoir osé pousser la porte de son sanctuaire. J'ai payé, j'ai pris mon livre et je me suis enfui. La rage au ventre. La même rage qui m'a poussé, à partir de ce jour-là, à me gorger de livres, jusqu'à plus soif. À poursuivre mes études pour devenir prof de français. À me bagarrer pour gagner ma vie le plus vite possible. Et à vouloir foutre en l'air cette société où un môme de 10 ans peut avoir honte de qui il est juste parce qu'un connard de libraire l'a mal regardé.

Depuis, je n'ai plus jamais honte : je gueule avant, assez fort pour que personne n'imagine pouvoir m'humilier.

Je n'ai pas envie que quoi que ce soit adoucisse ma colère. Même pas tout ce que j'aime passionnément : la poésie, la musique, les livres, les femmes, ma femme, mes enfants et mes petits-enfants, la joie des mômes à qui je lis des histoires ou à qui j'apprends à jouer au foot. Même pas mes souvenirs. Celui, fondateur, des jardins ouvriers de mon père ou de mon parrain, à qui j'aimais tellement donner un coup de main. Bêcher, semer, planter, enlever continûment les mauvaises herbes, récolter… Un jardin de travail, vivrier, soigné par l'homme pour nourrir sa famille, où la femme et les enfants mettaient la main à la pâte quand c'était le moment. Et puis celui de mon grand-père maternel, si beau. Son œuvre d'art, sa réussite, son titre de gloire. J'ai toujours vu travailler les hommes dans ces potagers, en « bleu » comme on disait. De l'usine au jardin, on y faisait toujours la même chose : travailler, ensemble. Pour gagner sa pitance.

Depuis ce jour où j'ai acheté mon premier livre, j'ai lutté. Ce libraire a fait de moi un guerrier, qui ne dépose jamais les armes. Je suis de toutes les manifs, de toutes les grèves. De tous les extrêmes, de toutes les anarchies. Je colle des affiches, je distribue des tracts, je vends des journaux. Je cherche les humains debout au milieu des esclaves et des bien-pensants.

J'aime la vie, à la folie, jusqu'à l'insupportable, parfois. Je suis à la fois haineux et amoureux, violent et tendre, féroce et gentil. J'aime le rock qui picole, qui se drogue, qui s'agite et qui vocifère par manque de tendresse. J'aime la sauvagerie des punks et du heavy metal, la déchirure du blues, la liberté du jazz. Et j'aime les Salt and Pepper, même quand ils m'emmerdent, parce que je vis avec eux des moments précieux et puissants d'humanité. Et qu'ils me permettent de gueuler que la vie est un risque, sans demi-mesures.

Jusqu'à ma mort je vais hurler. C'est un besoin. Vital.

9

THESE BOOTS ARE MADE FOR WALKIN'*

La libération des baby-boomeuses

You keep playing where you shouldn't be playing
And you keep thinking that you'll never get burnt – HAH!
Well, I've just found me a brand new box of matches – YEAH!
And what he knows you ain't had time to learn
These boots are made for walking, and that's just what they'll do
One of these days these boots are gonna walk all over you
Are you ready, boots?
Start walkin'

NANCY SINATRA

*CES BOTTES SONT FAITES POUR MARCHER

Debout, debout, debout !

Elles ne s'en rendent pas toujours compte. Quand les femmes des Salt and Pepper parlent de leur vie, elles ne réalisent pas toutes à quel point leur histoire personnelle rejoint la grande Histoire. Elles sont, pourtant, la génération qui a vu les femmes se lever – parfois même en chantant des hymnes guerriers comme celui du MLF (« Levons-nous, femmes esclaves, et brisons nos entraves ! Debout, debout, debout ! ») ou vengeurs comme la chanson des bottes de Nancy Sinatra qui menace son homme de le quitter, et puis qui le quitte.

Dans l'intimité des confidences, certaines racontent, même au milieu de beaucoup d'amour, la brutalité d'un père, l'impuissance d'une mère, l'impossibilité de partir, et parfois aussi les ravages sournois de l'alcool, qui ont rendu leur enfance puis leur vie de femmes si difficiles. Elles sont nées entre le droit de vote des femmes (1944 !) et la création du Planning familial (1956 !), ont eu le droit de travailler sans demander l'autorisation de leur mari seulement en 1965, de prendre la pilule en 1967. L'autorité parentale – conjointe, donc – n'a remplacé la « puissance paternelle » qu'en 1970, le divorce par consentement mutuel est apparu en 1975, l'année où Simone Veil obtient la légalisation de l'avortement sous les insultes de certains députés. Les écoles sont enfin mixtes l'année d'après. Pour l'égalité des salaires – pourtant décrétée en 1972 – et quelques autres petits « détails », il y a encore du chemin à faire. Mais quel parcours, tout de même ! Quel siècle pour les femmes, depuis qu'elles se sont mises debout !

Josiane se souvient de son année 1972-1973. Elle était déjà fonctionnaire, et elle a pris la liberté de s'offrir un grand tour de France à vélo avec une copine : ça aurait été inimaginable pour sa mère ! Annie, elle, est carrément partie aux États-Unis pour un *road trip* dont elle rêvait depuis des années. Une manière de se libérer enfin de cette « autorité paternelle » qui choisissait à la place des jeunes filles, malgré leurs protestations et celles de leur mère, leur orientation professionnelle. « C'était comme ça à l'époque. On n'avait pas le choix... » Parfois, le seul moyen d'échapper à cette autorité, c'était de passer sous celle, censée être plus douce, d'un mari, en étant toutefois obligée d'attendre d'avoir 21 ans, âge de la sacro-sainte majorité jusqu'en 1974. Et, s'il était si délicieux de tomber amoureux, on redoutait de « tomber » aussi enceinte, ce qui provoquait au mieux l'obligation de mariage immédiat ou un voyage en Angleterre, et au pire du drame social et familial.

On redoutait également de divorcer si les choses se passaient mal. Parce que la honte était presque toujours du côté des femmes, et retombait sur les enfants. Et parce que la plupart d'entre elles étaient rattrapées par ces fâcheuses inégalités de formation professionnelle et de salaire : comment *enfiler ses bottes et marcher* quand on n'en a pas les moyens financiers ?

La deuxième Patricia avait 16 ans en mai 68. « Je ne comprenais pas trop mais j'ai bénéficié des progrès tout de suite. On n'avait plus beaucoup de contraintes, bien moins qu'aujourd'hui finalement. On a vu arriver les hippies, la musique, la sexualité, la famille ouverte… On a poussé nos filles à ne pas arrêter de travailler. On est la première génération libre. J'espère qu'il n'y aura pas trop de retours en arrière, et que nos petits-enfants le resteront, eux aussi. »

Liberté, liberté chérie

« Moi, dit l'une des choristes, j'ai eu une enfance austère, sans fantaisie. Pas de musique, pas de radio, j'étais une petite fille docile. Ma première rébellion, ça a été mon mariage avec mon premier amour, le seul moyen que j'avais de quitter la maison. Mes parents n'étaient pas d'accord, on s'est mariés quand même, et on a eu deux filles merveilleuses. Mais nous n'avions pas la même notion de "l'engagement"… J'ai supporté ses incartades un moment, et puis j'ai rencontré un autre homme, alors j'ai divorcé et je me suis remariée. J'ai eu une troisième fille, tout aussi merveilleuse.

Ma deuxième rébellion, ça a été mon deuxième divorce, trente ans plus tard. C'est difficile, la liberté… Je me suis arrachée à cette vie dont je ne voulais plus, j'ai quitté mon mari, ma chorale, mon village ; mes amis m'ont quittée, et après j'ai plongé. Ça m'a pris du temps de sortir de cette dépression, de me refaire un réseau, d'apprendre à faire autre chose que boulot-boulot-boulot, d'aller au cinéma et au restaurant seule… Je suis toujours blessée, et méfiante. J'ai du mal à me re-lier.

Un jour, au Studio 43, avant la projection du film que j'étais venue voir, j'ai vu débarquer une bande d'énergumènes de mon âge qui chantaient des chansons pas de leur âge avec une pêche d'enfer. Quelques semaines plus tard, je les ai recroisés place Turenne où ils donnaient un concert. C'est là que je me suis dit que je voulais en être. Quand ils ont chanté "Welcome", j'ai eu l'impression qu'ils s'adressaient directement à moi ! Je ne suis pas rock du tout, mon truc c'est plutôt le jazz, ou les blues bien noirs de Nina Simone ou d'Aretha Franklin, mais j'adore le rythme. J'ai intégré la chorale, et j'ai été accueillie avec beaucoup de gentillesse. J'ai bossé pour apprendre les chansons, et c'est du boulot ! D'ailleurs, une autre nouvelle arrivée en même temps que moi a jeté l'éponge… Ce n'est pas très simple de se faire des nouveaux amis, après un certain âge. Je fais partie d'un club de marche, je suis bénévole dans un Ehpad, et puis je chante aux Salt and Pepper et pour l'instant, rien ne me manque. »

Christine est arrivée à sa première répétition des Salt and Pepper sans les avoir jamais entendus chanter ni vus sur scène. « C'est un copain qui m'a dit : "Tu devrais y aller, c'est pour toi." Il a bien fait. Je pense que si je les avais vus en concert, je n'aurais jamais osé leur proposer de les rejoindre. J'étais instit, j'ai passé ma vie avec des enfants : les miens, et mes élèves. Je ne connaissais pas le monde des adultes ; cette chorale me permet de m'équilibrer. Même si, quand on est tous ensemble, on est un peu des enfants. C'est comme si je passais de l'autre côté de la barrière ! La retraite, c'est un espace de liberté où on se sent exister. Mon plaisir c'est d'être avec un groupe sans en être le chef. Moi j'ai toujours tout organisé dans ma vie : à l'école, et à la maison. Alors là je me laisse enfin porter. Et quand tu as tout porté toute ta vie, te laisser porter c'est un grand bonheur. »

Pour Maguy aussi, la liberté a été un combat. « Je suis rousse, à lunettes et à forte poitrine, et en plus je m'appelle Daisy : c'est un peu lourd à porter. Alors quand j'ai commencé ma deuxième vie, j'ai choisi de m'appeler Maguy. Je suis une femme libre, tant pis pour ce que pensent les autres. Depuis que je suis veuve, je suis plus sereine et joyeuse. Et financièrement plus libre, aussi. J'ai rencontré un homme que j'aime et qui m'aime, qui prend soin de moi et qui sait me protéger. Je suis heureuse, et mes enfants sont heureux de me voir heureuse. Je suis arrivée à la chorale il y a cinq ans, j'avais entendu parler d'eux, j'allais les écouter souvent et puis un jour ils sont venus en résidence à Grande-Synthe. C'est chez moi ! Je me suis inscrite pour le stage, j'ai passé le casting et j'ai été acceptée. C'est un vrai challenge d'intégrer un groupe déjà constitué... Mais j'y ai rencontré des gens qui me font du bien. »

Pascale, elle, a librement choisi une carrière… militaire. « Mais j'ai horreur qu'on me donne des ordres. J'ai été trop contrainte. Après vingt-deux années de carcan, j'ai besoin de respirer. Je n'ai pas envie de la fermer, ce sont les derniers éclats de ma vie. Intrinsèquement, je suis délurée, et c'est la chorale qui m'a aidée à l'exprimer. »

Même si elle adore ses quatre enfants, cette autre choriste admet qu'elle a sacrifié sa « petite carrière professionnelle » pour les élever. « Aujourd'hui les femmes s'épanouissent en dehors de la maternité, elles peuvent faire le choix de travailler et d'avoir moins d'enfants. Moi, pour épouser mon amour de jeunesse, j'ai dû demander la signature de mes parents, parce que je n'avais pas 21 ans. Ça m'a enragée…

Après la mort de notre fils, mon mari m'a quittée. Et puis il est revenu. Et puis il m'a quittée à nouveau dix ans plus tard. Dans notre génération, divorcer ne se faisait pas. J'en ai éprouvé un sentiment de honte, d'ailleurs je n'aime toujours pas voir ce mot écrit sur mes papiers administratifs. Je ne serais jamais partie mais il a eu raison, c'est beaucoup mieux pour moi. J'ai passé cinq ans seule, seule, seule dans ma petite maison pendant qu'il refaisait sa vie à l'autre bout du monde. Je me suis inscrite aux Chœurs de Flandres, on chantait de la musique sacrée très difficile, ça m'obligeait à me concentrer sur autre chose que mon chagrin. Ça a été une bonne thérapie. En douceur.

Un samedi de l'été 2014, je suis tombée sur un concert des Salt and Pepper au parc Malo. Je me suis dit : "C'est ça qu'il me faut." Dès que j'ai été à la retraite, je me suis inscrite. Ça fait partie de ma nouvelle vie, qui me ressemble bien plus que l'ancienne. Je suis redevenue moi-même, je ne suis plus "la femme de". Je tiens à ma liberté. J'aimerais beaucoup tomber à nouveau amoureuse, mais plus personne ne m'enfermera. »

Et puis il y a celles qui se taisent, parce qu'elles n'osent pas encore, qu'elles pensent que c'est trop tard, ou que c'est toujours difficile, pour une femme, d'assumer un chemin différent. « Dans la vie, confie l'une d'entre elles, je me suis beaucoup ennuyée. Je sais, une femme et surtout une mère ne doit pas dire ça, mais la vie de famille ne m'a pas tellement intéressée, et ne m'intéresse toujours pas. Je fais ce que je dois faire, pour mes enfants et maintenant mes petits-enfants, mais sans y prendre grand plaisir. Je n'ai plus envie qu'on m'impose des choses qui ne me conviennent pas. »

Elle n'est pas la seule dans ce cas. « Je ne la rêvais pas comme ça, ma vie… Je me suis mariée très jeune. J'ai eu des enfants, et puis des petits-enfants. Je suis le moteur de la famille : j'ai tout fait pour que tout soit parfait dans mon couple, dans ma maison, et dans la vie de mes enfants. Je suis une femme du Nord, travailleuse. C'est épuisant. Ça demande beaucoup de volonté. C'est une vie dure mais j'ai assez bien réussi. J'ai tiré mes enfants vers le haut et ils vont tous très bien.

Mais une vie de travail, quand elle s'arrête, qu'est-ce qui se passe ?

J'aime la fête, le rythme, le rock, c'est ça que je viens trouver avec les Salt and Pepper. Tout le contraire de mon mari… Je n'ai jamais dansé un rock avec lui ! Je devrais le quitter mais je n'ai absolument rien à lui reprocher. Je m'ennuie mais il n'y est pour rien. Il était déjà comme ça quand je l'ai choisi. La chorale, c'est une bouffée d'oxygène, une manière de ne pas sombrer. Je ne veux pas mourir d'ennui. »

« Moi, assume – et même revendique ! – Lyli, j'ai eu une vie professionnelle marrante, voyageuse, mais banale. Je n'ai rien fait de génial à part donner à mon mari artiste peintre la possibilité de peindre. Du coup, on a toujours eu une vie d'artistes. Je suis indépendante et individualiste : le rock c'est un esprit, c'est la liberté. Dans les années 70, quand j'ai commencé à travailler, la vie était une fête permanente. J'ai eu la chance de vivre ça. Liberté sexuelle, liberté de parole, individuelle et collective. Et la musique était partout ! On a eu une jeunesse extraordinaire, une chance inouïe de vivre ces années-là. On a décadenassé la société, et la musique nous y a aidés. Je me souviens des Stones au Parc des Princes, de Woodstock, de Led Zeppelin dans un immense parc au nord de l'Angleterre, que nous étions allés écouter avec mon mari et un copain, en Alfa Romeo décapotable... On était libres, libres ! Mon mari me dit : "T'étais un hérisson, je savais pas par quelle épine te prendre."

On faisait des fêtes de dingue, on dansait, on chantait, on baisait, on disait merde à son patron et on retrouvait du boulot le lendemain. Moi, j'aime les vrais rocks qui cognent, quand il y a de l'énergie à donner, parce que le rock c'était la joie et la liberté. »

10

WITH A LITTLE HELP FROM MY FRIEND(S)*

Monique et Francine

What would you think if I sang out of tune,
Would you stand up and walk out on me?
Lend me your ears and I'll sing you a song
And I'll try not to sing out of key.
Oh, I get by with a little help from my friends
Mm, I get high with a little help from my friends
Mm, gonna try with a little help from my friends

**THE BEATLES,
REPRISE PAR JOE COCKER**

*AVEC UN PEU D'AIDE DE MES AMIS

On s'est rencontrées à la fin de l'École normale. On a été nommées institutrices dans la même école, à Grande-Synthe, et à partir de ce moment-là, on ne s'est plus jamais quittées.

Francine a épousé Pol. Monique a épousé Didier. La première fois qu'elle l'a rencontré, c'était à une fête chez les normaliens : une grande blonde poilue très mauvais genre, au maquillage baveux, à la voix grave et à la barbe mal rasée est venue s'asseoir à côté d'elle pour lui proposer un rendez-vous le mercredi suivant. C'est comme ça à Dunkerque : le Carnaval nous apprend que l'habit ne fait pas toujours le moine…

Ce moine-là n'en était pas un, pas plus qu'une blonde de mauvaise vie. Débarrassé de son déguisement, il avait une (belle) allure de rockeur, au grand cœur. Monique avait 18 ans et lui 20. Rebelle à l'intérieur, fraudeuse de l'ombre, elle a négocié en souplesse le beau virage que prenait sa vie : pour qu'elle puisse le présenter à ses parents sans risquer l'exclusion immédiate, il a accepté de couper un peu ses cheveux. C'était comme ça, à l'époque. Ils se sont rencontrés en janvier. En septembre, elle a découvert qu'ils attendaient un bébé. Ils ont programmé le mariage en décembre, avant que les mauvaises langues puissent trouver quoi que ce soit à redire. Et ils sont allés déposer leur liste dans le beau magasin de Pol, le déjà mari de Francine.

Finalement, Monique a fait une fausse couche. La grossesse n'a pas tenu, mais le mariage si : quarante-cinq ans et plus…

Par bonheur, Pol et Didier se sont entendus à merveille. Nous, on se voyait tous les jours à l'école, et puis parfois le soir ou le week-end avec eux. Et pendant le Carnaval évidemment. On a attendu ensemble notre premier enfant ; on a eu un fils chacune. Et puis, quelques années plus tard, une fille. On n'a pas fait exprès, mais ça nous a bien plu. En fait, on est devenues deux sœurs, comme un cadeau que nous a fait la vie.

La vie, on l'aime joyeuse et bien remplie. C'est à ça que ça sert d'être vivant : à se faire plaisir, tant qu'il est temps. Alors on fait la fête. On fait l'aller-retour Dunkerque-Versailles dans la nuit pour voir Pink Floyd en concert sans être en retard au boulot le lendemain matin. On part en vacances ensemble dans les pays lointains. On rigole, on picole, on savoure les petits plats et aussi les grands, on célèbre les anniversaires, les événements, les départs et les retrouvailles. Et, bien sûr, on "fait carnaval". L'avant-bande en famille, et la bande toutes les deux avec la même perruque blanche. Ensemble.

Année après année, on est devenues des amies très très solides. Inséparables, même si on a chacune sa vie. Nos gamins sont comme des frères, nos petits-enfants des cousins germains. Et s'il y a un truc qui ne va pas, on se le dit tout de suite, avant que ça s'envenime.

Ça ne s'envenime jamais. On se soutient. On s'aime.

Un matin, Pol est parti au boulot comme tous les jours, et Francine a filé à l'école dont elle était directrice. Il a dit « à ce soir » mais dans la journée, une crise cardiaque l'a foudroyé. Il avait 56 ans, et elle 51. Voilà. « Tu te lèves le matin sans savoir ce que te réserve la journée. »

Bien sûr, Monique a été là. La nuit, le jour, pour parler, pour se taire. Pour aider à traverser. On se voit tous les jours, et on ne se lasse pas l'une de l'autre. Quand elle est revenue à l'école, un enfant a demandé à Francine : « C'est vrai que ton mari est mort ? – Oui. – Mais tu vas pleurer alors ? – Oui. »

Elle a beaucoup pleuré. On a beaucoup pleuré. En continuant d'avancer. Ensemble.

L'année de leur retraite, c'est Monique qui a perdu Claudette, sa grande sœur chérie. Et puis deux autres bonnes copines, dans la foulée. Depuis, la mort ne nous angoisse plus : on l'a apprivoisée. Nous ce qui nous intéresse, plus que tout, c'est la vie !

Depuis qu'on est à la retraite, on n'arrête pas. Francine marche tous les jours, au moins deux heures, le long de la mer. Avec qui veut, et souvent dans le lot, il y a Monique. On chante aussi. On avait deux chorales, mais Monique en a lâché une. Et puis il y a les Salt and Pepper. C'est Monique qui était à la projection du film, pour la création du groupe. Francine était à Toulouse chez son fils. Monique s'est chargée de nos deux inscriptions : tous les livres que l'une aime, l'autre les aime aussi. On s'est dit que pour la chorale, ça serait pareil. On ne s'est pas trompées. Les Salt and Pepper, on adore, depuis le premier jour ! Monique a embarqué son rockeur de Didier, qui a chanté pendant un moment avant de décrocher. Mais nous, on reste. Pour l'éclectisme du groupe, et ce désir collectif de faire quelque chose ensemble qui le lie depuis toutes ces années, même si certains prennent parfois tout ça un peu trop au sérieux. Pour l'énergie et la joie, les projets, le plaisir de se retrouver. Pour les concerts en prison, où on se sent tellement utiles. Pour éloigner la mort et croquer la vie ; rocker la vie.

Pour le premier concert au Kursaal, on avait peur d'être ridicules : c'est vrai, ça peut être pathétique, une bande de vieux qui chantent les trucs de leur jeunesse. Mais là, il s'est passé quelque chose de magique, qui se renouvelle à chaque fois qu'on se produit : quand on chante, on rend les gens heureux. Et nous, ça nous rend heureuses. Ensemble.

11
ROSSIGNOL DE MES AMOURS

Joséphine

Rossignol, rossignol de mes amours,
Quand ton chant s'élèvera,
Mon chagrin s'envolera
Et l'amour viendra peut-être

LUIS MARIANO

Je m'appelle Joséphine, mais tout le monde m'appelle Mouchette. Je suis née un 1er mai, à la ducasse – c'est la grande fête foraine de Beaufort. On habitait entre l'église et la mairie. Maman a accouché en musique, et ça n'a jamais cessé : j'ai passé toute ma vie à chanter.

Quand j'allais chez le boucher, il me disait : « T'auras pas ta viande si tu me chantes pas une petite chanson. » Et plus tard, au bal, pendant la pause, les amoureux me demandaient d'interpréter une chanson d'amour pour déclarer leur flamme à leur partenaire. Ou alors dans les cafés, je montais sur la table et on me réclamait un petit air pour Untel ou Untel. Je m'exécutais, avec joie !

À la maison aussi, on chantait tout le temps. En famille, tous ensemble, comme il est de coutume dans la région. À toutes les fêtes, et même à la Toussaint où on pense aux disparus en entonnant leurs chants préférés. C'était ma vie à moi, la chanson…

L'année de mes 15 ans, Tino Rossi est venu donner un concert sous un chapiteau à Maubeuge. Avec une copine, on a fait semblant d'aller au collège, et on y est allées le voir, à vélo. Avant le concert, il y avait un radio-crochet animé par Roger Lanzac, l'animateur de France Inter. J'ai chanté « En veston jaune et pantalon bleu pervenche / Dans sa calèche, il venait le dimanche… », et j'ai gagné à l'applaudimètre. À la fin du spectacle, Roger Lanzac est venu me voir pour me dire que je chantais drôlement bien et que, si j'acceptais de venir à Paris, je serais peut-être la nouvelle Mireille Mathieu. Mon cœur a explosé : devenir chanteuse, c'était mon rêve ! Il m'a demandé où j'habitais et m'a dit qu'il passerait en parler avec mes parents. La raclée que je me suis prise quand je suis rentrée à la maison, bien après l'heure de l'école ! Mon père était encore furieux quand Roger Lanzac a frappé à la porte de la maison. Il a refusé de l'écouter et l'a mis dehors. Et puis il m'a dit :

« Si t'as besoin d'un endroit pour chanter, y a la cabane, au fond du jardin. » Je lui en ai voulu pendant des décennies. Et j'ai passé toutes les années suivantes à me dire que si ça se trouve, j'aurais pu avoir une autre vie…

Ça ne m'a pas empêchée de continuer à chanter. Ma mère me soutenait, mais à l'époque, les femmes n'avaient pas grand-chose à dire. C'était comme ça : on obéissait au père, quel que soit notre âge. Il ne voulait pas qu'on lise, il disait que c'était perdre son temps. Et la première fois que j'ai voté, c'est lui qui a choisi mon bulletin de vote ! Maman faisait tout pour apaiser les conflits. Je lisais avec elle, en douce. Elle était modiste, elle m'avait cousu mon habit de scène, une jolie petite robe bleue, et j'allais me produire toute seule, en cachette de mon père, dans les hôpitaux. J'avais changé les paroles de « Je me voyais déjà », de Charles Aznavour :

Ma p'tite robe bleue, c'est Maman qui m'la faite
En soie sauvage, et dentelle de Calais…

Ça n'a pas suffi à lancer ma carrière ! Pendant mes vacances, je gardais les enfants d'un notaire à Middelkerk, en Belgique. Leur chanter des chansons pour les endormir faisait expressément partie de mon travail. Un soir où j'étais libre, je suis allée participer à un concours de chant et j'ai gagné une boîte de chocolats en interprétant « Rossignol de mes amours ».

J'ai grandi. Un jeune homme faisait la cour à ma sœur, et j'étais chargée de la chaperonner. C'est comme ça que j'ai rencontré Christian, le frère du jeune homme. Ils étaient dunkerquois, mais ils vivaient dans le Maubeugeois depuis qu'ils avaient fui les bombardements qui avaient détruit leur maison. Il était très beau et plus âgé que moi, mais ça ne nous a pas dérangés, ni lui ni moi. On est tombés amoureux, immédiatement, et on ne s'est plus quittés. On s'est mariés très vite, et on a eu deux filles et un garçon.

Christian était gérant d'un magasin de quincaillerie à Hautmont. Moi, j'aurais bien aimé être menuisière, mais c'était un métier d'homme. Alors j'ai fait une formation d'étalagiste, pour concevoir les vitrines. J'ai toujours aimé travailler de mes mains. Je créais des décors pour raconter des histoires…

C'est comme dans toutes les vies, il n'y a pas eu que des joies mais on était tellement heureux, Christian et moi… C'est mon seul et unique amour. Quand je lui demandais la lune, il me la décrochait. Et avec le sourire, encore !

Je continuais à chanter, tout le temps. Il m'appelait « son petit rossignol ». Il avait une jolie voix lui aussi. Quand on allait à la messe, il chantait mieux que le curé. Pour la Fête de la musique, on allait chanter tous les deux, accompagnés d'un orgue de Barbarie. Et tout le monde reprenait les chansons avec nous.

Nos enfants ont grandi eux aussi, et ils ont eu des enfants. Évidemment, j'ai beaucoup chanté avec eux, et puis avec nos cinq petits-enfants. Je ne sais pas si j'y suis pour quelque chose, mais notre petite-fille, Medge, a décidé de devenir artiste professionnelle. Et cette fois-ci, y a pas un père pour l'en empêcher ! Elle a passé son bac, et puis elle a fait le Conservatoire de Paris, et le cours Florent. Elle chante merveilleusement, je suis allée l'applaudir dans le rôle de Maria, dans *West Side Story*, j'étais émue aux larmes. Medge, c'est un peu la revanche de Mouchette…

Je faisais déjà partie de deux chorales, mais quand j'ai vu l'annonce pour la création d'une chorale de rockeurs retraités, je me suis dit que c'était pour moi ! J'adore le rock, et j'avais envie de me retrouver avec des gens comme moi, tolérants et vivants. Ça m'a plu tout de suite, même si je ne suis jamais très sûre de bien faire. On est une joyeuse bande de choristes, je me sens bien avec ce groupe.

Quand il a été question d'enregistrer un disque, pour moi ça a été comme un rêve, une boucle qui se boucle ; une sorte de cadeau du Ciel ! J'ai tout de suite été partante, mille fois partante, même si ça nous a demandé beaucoup de travail. C'est ça, la musique professionnelle !

On était en plein dans la préparation du disque et les répétitions quand la catastrophe est arrivée. Un jour de l'hiver dernier, je suis allée chanter avec les Salt and Pepper. Christian m'accompagnait souvent, mais là, il n'était pas très en forme. Je l'ai poussé à prendre un rendez-vous chez le médecin et lui ai proposé d'y aller avec lui mais il a insisté pour que j'aille chanter. Je lui ai obéi, je n'aurais pas dû. Quand je suis rentrée, je l'ai trouvé assis dans son fauteuil, habillé comme pour sortir.

Il est parti comme ça, tout seul, pendant que je chantais. On s'aimait depuis cinquante-deux ans.

Tous mes amis des Salt and Pepper sont venus à son enterrement. Il aimait tant nous écouter chanter ! Depuis, la chorale me tient et me soutient. C'est une chance immense. Quelques semaines après sa mort, on a enregistré le disque. J'en ai bavé. Je me suis souvenue du dernier couplet de ma chanson :

Le temps passe et tenace toujours je chante
Pour les amoureux, les bals et les mariages
Sur les planches en bois de mon petit théâtre
Je ferme les yeux et j'ai le cœur battant
La vie est belle et peut-être qu'un jour
Se réalisera mon rêve d'enfant

C'était formidable et difficile, mais le résultat est magnifique. Comme une sorte de miracle. De là où il est, je suis sûre que Christian est bien fier de son petit rossignol…

12

LA MUSIQUE QUE J'AIME

Un répertoire très... éclectique

Toute la musique que j'aime
Elle vient de là, elle vient du blues

Je le chante autant que je l'aime
Et je le chanterai toujours

JOHNNY HALLIDAY

Un peu, beaucoup, passionnément, à la folie… et même, pas du tout. Contre toute attente, chez les Salt and Pepper, l'amour du rock est loin d'être unanime ! Ce qu'ils aiment tous, sans conteste, c'est retomber un peu en adolescence, et chanter ensemble la musique de ce bon vieux temps. Et surtout, cette énergie qu'ils produisent lorsqu'ils sont en présence les uns des autres, sous la direction explosive de Nathalie. Mais pour le reste, les avis sont très partagés : en matière de musique, il y en a pour tous les goûts !

Big Bazar

La base de la mémoire musicale des Salt and Pepper, le terreau sur lequel ils ont grandi presque tous, ce sont les souvenirs des repas de fête, et de toutes les retrouvailles familiales. Dans cette région, on chante, souvent, beaucoup, fort et de préférence toutes générations confondues. L'oncle dégaine son violon, le père son accordéon, la grand-mère ouvre le piano ou l'harmonium, la sœur aînée accorde sa guitare, et s'il manque des percussions, on récupère les casseroles dans la cuisine. Francine se souvient d'un Noël particulièrement enthousiaste qui a eu raison de la totalité de la batterie de cuisine familiale ! On chante, ensemble, de la vieille chanson réaliste aux textes déchirants, des jolies bluettes pour les amoureux et, quand le repas a été bon et la bière généreuse, quelques grivoiseries de carnaval dont les enfants ne comprennent pas toujours tous les détails. Parfois même, on fait grimper les petits sur la table pour qu'ils y aillent de leur gouaille et amusent la galerie. Mouchette, Dolly, Sylviane, Éliane et quelques autres se souviennent de ces moments-là où tout était joyeux, musical, bruyant, et des petites rengaines qui longtemps, longtemps plus tard, leur reviennent quand l'occasion se présente…

Le deuxième élément incontournable de l'univers musical des Salt and Pepper, comme de toutes les chorales de Dunkerque et des environs, c'est le Carnaval. Un vaste répertoire lui aussi très bruyant – voire tonitruant – dans lequel certains des choristes excellent. Quel rapport avec le rock ? Aucun. Ou alors, peut-être quand même, ce goût de la rébellion, du débordement, de la transgression, qu'on sent bouillonner dans les pupitres du chœur quand il se met à chanter « Money », « Faut y aller » ou à rugir « Antisocial ». Ils ne sont pas tous carnavaleux. Mais personne, même ceux qui ne fréquentent ni bandes ni chapelle, ne peut échapper aux fanfaronnades des fanfares et aux mélodies voyoutes du joyeux débordement.

En écoutant les uns et les autres, et en fouillant un peu dans leurs discothèques et dans leurs mémoires, on trouve aussi quelques étrangetés que nul ne songerait à croiser dans une chorale senior rock. Voire que nul ne songerait à croiser nulle part ! Une bonne poignée de choristes sont multirécidivistes : en plus des Salt and Pepper, ils vont prêter leur voix à un, parfois deux autres chœurs au répertoire éloigné, voire très éloigné du projet initial ! Janine, par exemple, « aime bien l'insolite » et adore le folklore de sa région. Du coup, c'est un pilier de Het Reuzekoor, un chœur qui chante tout le répertoire traditionnel. En flamand. Régine, elle, garde de ses vacances en Allemagne un goût immodéré pour les variétés. Germaniques. Au point d'apprendre la langue pour comprendre les paroles des chansons ! Certaines se régalent de musique sacrée en allant chanter au Chœur de Flandres. Dominique avait dégoté une première chorale multirépertoire, avec laquelle il a beaucoup aimé travailler « des airs d'opéra très techniques ». Quant aux digressions musicales des amateurs de théâtre, qui se produisent régulièrement sur les planches, elles sont pour la plupart totalement inclassables.

On the radio

Mais ce n'est pas tout. Dans presque toutes les existences, passées présentes et vraisemblablement à venir des Salt and Pepper, il y a un objet clé, central, incontournable, un « personnage » qui les accompagne depuis qu'ils étaient dans le ventre maternel, et jusqu'à aujourd'hui : la radio. Celle qui roucoulait à leur mère les airs de musette, d'opérette et de music-hall. Celle qui déversait, grandiose, les plus beaux airs d'opéra dans la cuisine ou dans la salle de bains. Celle qui faisait rêver Mouchette ou Dolly d'enregistrer des disques, elles aussi, comme Édith Piaf ou Luis Mariano. Et plus tard, dès la fin des années 1950, les premiers tubes des yé-yé sur les « chaînes périphériques ».

Elle parlait anglais parfois – l'Angleterre, c'est juste de l'autre côté de la mer – et apportait à leurs oreilles d'adolescents des sonorités et des rythmes au délicieux goût de liberté. Bien avant la légendaire émission *Salut les copains*, pour laquelle on se dépêchait de rentrer du collège histoire de ne pas en manquer une miette, c'est par les ondes anglaises que le rock et la pop sont arrivés jusqu'aux adolescences des Dunkerquois. Celles de la BBC, mais aussi, à partir de 1964, celles de Radio Caroline, une station offshore qui piratait les espaces radiophoniques anglais et français, sévèrement verrouillés, en émettant en toute illégalité depuis un bateau ancré dans les eaux internationales, mais à portée des antennes britanniques et françaises.

C'est encore la radio qui déverse dans les jeunes oreilles des futurs Salt and Pepper les paroles ciselées et parfois engagées de grandes voix – ou des grandes voix en devenir – de la variété française, vague après vague : Mouloudji, Reggiani, Ferré, Bécaud, Aznavour et puis Brel, Brassens, Barbara ; Johnny, Eddy, Lavilliers, Bashung, Jonasz, Higelin, Gainsbourg… Julien Clerc, Francis Cabrel, Maxime Le Forestier, Véronique Samson… « La première fois que j'ai entendu Brel, se souvient Éliane, c'était "Amsterdam", à la radio. Mon père et moi, on était en larmes. Scotchés. Ensemble… » On enregistre ses préférées sur un radiocassette, pour réécouter en boucle les chansons dont on a un peu raté le début et pas très bien coupé la fin, en attendant d'avoir de quoi s'offrir le 45 ou le 33 tours et de les écouter sur son électrophone. Quand on est étudiant, on achète une guitare, comme Jean-Marc, pour pouvoir les chanter à son tour. Et puis on rêve de pouvoir, un jour, peut-être, aller écouter en concert ces chanteurs dont on connaît un bon paquet du répertoire par cœur…

Rock'n'roll attitude

Et puis, bien sûr, il y a *THE* rock'n'roll. Une musique, un esprit, une attitude qui a laissé son empreinte dans la vie des choristes, parfois par une présence qui envahit tout, parfois en creux, par une absence presque bizarre, tant le rock a marqué cette génération de baby-boomers… Même ceux – et surtout celles – qui ne le chantaient pas adoraient le danser. En Belgique, bien souvent : il suffisait de parcourir quelques kilomètres pour passer la frontière et s'offrir le délicieux frisson de l'interdit et de la liberté.

« Moi, le rock, c'est depuis toujours, raconte Maguy. Mes parents, boulangers, étaient très occupés. J'étais un petit numéro livré à moi-même, je me débrouillais pour faire à peu près ce que je voulais. De Gravelines, je prenais mon Solex pour aller à Calais écouter les groupes de rock. Un jour, j'étais censée aller chercher les médicaments de mon père à la pharmacie, mais j'ai filé à l'aéroport de Calais où Vince Taylor devait atterrir ! J'écoutais de la musique non-stop : Eddy Cochran, Elvis Presley, Sylvie et Johnny… Plus tard, j'ai eu un fils batteur et un autre guitariste. J'étais toujours avec leur groupe. Je suivais Stock, un super groupe rock lillois, avec mes enfants. J'ai hébergé plusieurs fois Patrick Verbeke, un chanteur de blues qui était devenu mon ami. À la fin de ma vie professionnelle, j'ai même travaillé pour Jacques Yvart, un grand artiste de la région ! Et ma première sortie officielle avec Jean-Mi, mon nouvel amoureux, c'était Bertignac au Palais du Littoral, en 2008. Formidable ! Lui, c'est un fan de Clapton, et son fils est guitariste. Il est très fier de dire que je chante du rock. »

Chez les Salt and Pepper, il existe un noyau dur de vrais rockers, fans absolus et irrémédiables, parmi lesquels Marie-Claude, Lyli, José… Depuis qu'il a découvert les Beatles, il y a très, très longtemps, Bernard peut « les écouter 24 heures sur 24 ! Mais j'aime aussi Dire Straits, les Doors, les Animals, les beaux rythmes et les voix rauques… Téléphone, Trust, Bashung, Lavilliers. J'adorerais qu'on chante

“Beds Are Burning” de Midnight Oil, mais j’ose pas le proposer à Nathalie». Jean-Marc connaissait les Rolling Stones, les Beatles, et puis : «Un jour j’ai découvert les Who et *Tommy*, leur premier opéra rock. Dans la famille, on chantait beaucoup, mon père avait une très jolie voix. Il adorait l’opéra. Quand je lui ai dit : “Moi aussi, j’écoute de l’opéra”, il a tendu une oreille et le verdict est tombé : “C’est de la musicaillerie.” Moi, je ne m’en suis jamais lassé, même si un de mes grands regrets est de ne jamais les avoir vus en concert… »

José, lui, en plus de se gaver d’AC/DC, des Stones, des Vampas et autres Clapton, fait carrément partie d’un groupe de rock, les Misfits, avec lequel il peut donner de la voix et écumer les petites salles de la région pour se vautrer avec délices dans les joies tonitruantes de la scène rock. «Dans le rock, les paroles, ça n’a pas grande importance; c’est la musique et la gestuelle, le show qui comptent. Une question d’énergie, qu’on maîtrise plus ou moins. Sans oublier la tendresse, évidemment… »

Mais on n’a pas besoin de connaître le rock pour faire partie du chœur. «J’ai eu une éducation très stricte, dit Christiane. Chez nous on ne sortait pas beaucoup et il n'y avait pas de musique, à part Radio Caroline, de temps en temps, avec ma sœur ou des copains. Et puis j'ai rencontré mon mari, qui est très jazz. Du coup, à la maison, on n'écoute que du jazz. Résultat : quand je suis arrivée aux Salt and Pepper, je ne connaissais pratiquement aucune des chansons qu'on chante. Tout au plus, je reconnaissais un peu les airs… » « Moi, je suis plutôt variété française, chansons d'amour, et j'aurais aimé avoir le timbre et la liberté d'une chanteuse de jazz, concède Brigitte. Je n'y connais rien du tout en rock – j'aime surtout le danser – mais je m'adapte. Quand on chante "Black Hole Sun" ou "Space Oddity", ça m'envole. Ça m'envoie en l'air. » Quand elle était institutrice, Annie avait surtout envie de… silence en rentrant à la maison ! Son mari, lui, est dingue de musique et fan des Beatles. « Il m'emmenait à des spectacles, mais je me souviens m'être endormie à un concert de blues… » Janine non plus n'y connaît « rien, mais rien du tout, en rock ! Et je n'écoute absolument pas cette musique en dehors de la chorale. C'est tellement pas mon style que quand j'en parle dans ma famille, tout le monde rigole ! Il va falloir que je leur offre le disque, pour qu'ils comprennent... »

Annie – pas la même, une autre – a toujours chantonné mais n'a « jamais été fichue d'apprendre le solfège. Ça n'a jamais empêché personne de chanter dans une chorale ! Le rock, c'est la musique de notre génération, on en a tous plein la tête. Dans ma vie, j'étais passée à côté de la musique, mais la retraite, c'est fait pour ce qu'on n'a pas eu le temps de faire avant : je me rattrape avec les Salt and Pepper. C'est un petit retour régressif délicieux ».

Éliane le dit très simplement : rock ou pas, « chanter dans une chorale, ça crée des liens, des émotions, le plaisir d'être ensemble ». Ce n'est pas Francine qui la contredira : avec une de ses autres chorales, elle est allée chanter à la semaine de Troyes. Mille choristes avec Eddy Mitchell. « J'y suis allée pour chanter, pas pour lui. On s'est régalés. C'est émouvant de vibrer au milieu d'un si grand chœur. Les chorales, c'est des émotions particulières... » Des émotions intimes, dont chaque choriste module la tonalité en fonction de ses goûts, ses aspirations, sa personnalité, son histoire. Et c'est peut-être le caractère le plus rock de cette chorale si singulière d'offrir à chacun de ses membres un espace de liberté dans lequel il peut trouver la place qui lui convient. En gardant le tempo, évidemment.

13

MA DRÔLE DE VIE

Pascale

Tu m'as dit que j'étais faite
Pour une drôle de vie
J'ai des idées dans la tête
Et je fais ce que j'ai envie

VÉRONIQUE SANSON

Ma vie était plutôt bien partie : un boulot d'institutrice que j'aimais, un mari que j'aimais aussi, trois beaux enfants qui grandissaient tranquillement, dans notre jolie maison pas loin de Lille. Et puis à un moment, après vingt-cinq ans d'une existence sans histoires, tout a viré à la catastrophe. J'ai tout fait pour que ça n'arrive pas, mais il s'est passé dans notre vie des choses épouvantables, qui se sont terminées de façon déchirante, sans que je n'aie rien pu empêcher.

On s'en est tous sortis vivants, mais moi j'étais très éprouvée. Heureusement, j'ai la chance d'avoir eu des amis et des collègues extraordinaires qui m'ont beaucoup aidée à reprendre pied. Après le divorce, une fois que la douleur s'est un peu calmée, je n'aspirais qu'à une chose : que plus rien ne me touche, que plus rien ne me secoue, que plus rien ne m'atteigne. J'avais 56 ans, et je ne savais pas du tout comment m'y prendre pour être à nouveau heureuse ; j'aspirais seulement à ne plus jamais être malheureuse comme je venais de l'être. J'étais à deux doigts de la retraite, je voulais surtout que plus rien ne m'arrive, que mes enfants aillent bien et qu'ils me fassent de beaux petits-enfants, plus tard, quand ce serait le moment.

Ils n'étaient pas du tout de cet avis. Surtout mon fils aîné. Lui, ce qu'il espérait, c'était que je reprenne vie, que je trouve un nouvel amoureux, que je recommence à sortir, à faire des projets, que je m'organise une retraite joyeuse et active. Il a insisté, insisté. Il m'a fallu un peu de temps pour trouver l'énergie de me lancer.

Finalement, ça a marché au-delà de leurs espérances – les miennes étaient très très modestes – et en un temps record. En quelques semaines à peine, ma trajectoire a croisé celle de Philippe, un adorable Dunkerquois. Coup de foudre, *love story*, mariage et *tutti quanti* !

Je l'ai rencontré en 2012, et je suis venue m'installer à Dunkerque un an plus tard, dès que j'ai pris ma retraite. Mes enfants l'adorent, les siens m'aiment beaucoup, ils s'entendent tous à merveille, c'est le-bon-heur !

En attendant que mon cher et tendre prenne lui aussi sa retraite, je me suis organisé un emploi du temps aux petits oignons : marche nordique, aquagym, Pilates, et figuration pour la télé et pour les photographes. J'adore ça ! Et puis bien sûr, je voulais continuer à chanter : depuis que je suis petite fille, je fais partie d'une chorale. Quand je suis arrivée à Dunkerque, c'est la première chose que j'ai cherchée. J'ai mis un peu de temps à tomber sur les Salt and Pepper mais dès que je les ai entendus, j'ai su que c'était pour moi. J'ai tout de suite adoré leur gaieté, leur pêche, la manière dont ils bougent... Moi, je suis beaucoup plus chanson française que rock'n'roll, mais ça m'était égal : je voulais être avec eux !

Le mardi suivant, j'étais à la répétition. Depuis, j'essaie de ne pas en rater une. J'ai bossé pour apprendre le répertoire, je découvre avec plaisir un univers qui m'était étranger et, finalement, contre toute attente, je suis bien plus rock que je ne le pensais ! Ce que je préfère chanter, c'est les chansons qui dépotent, qui dégagent de l'énergie et sur lesquelles on peut bouger. Chaque concert est un bonheur, une piqûre de jeunesse, un grand moment de plaisir, simple et chaleureux, pour nous et pour le public. Mes enfants n'en reviennent pas : ils sont super fiers de moi.

Quand on nous a proposé d'enregistrer un CD, j'étais partante, évidemment. C'est une si belle aventure ! Même si je n'avais pas envie de le savoir, ces dernières années m'ont appris, violemment parfois, que rien n'est jamais vraiment sûr et que le plus difficile, c'est de se lancer. Après ça, qu'est-ce qu'on risque, à part le bonheur ?

14

SUGAR, SUGAR

Liliane

Oh honey, honey, sugar sugar
You are my candy girl
Like the summer sunshine pour your sweetness over me
Sugar, pour a little sugar on it, honey
Pour a little sugar on it, baby
I'm gonna make your life so sweet,
yeah yeah yeah

THE ARCHIES

J'ai arrêté l'école après mon certificat d'études : je ne voulais plus y aller. Moi, ce qui m'intéressait, c'était de voir des films au cinéma, ou d'aller danser sur la plage. J'étais fofolle, mais j'étais aussi très triste. Mon père est mort d'un infarctus, l'année de mes 15 ans. Ma mère, femme de chambre dans un hôtel, orpheline à 14 ans, se retrouvait veuve à 45, avec trois enfants à faire manger. Avec nous, elle était un peu dure, mais elle avait ses raisons.

J'ai commencé à travailler cette année-là, pour l'aider. J'avais trouvé une place de vendeuse dans une crémerie. C'était difficile, il fallait porter des bidons très lourds, faire beaucoup d'heures pour gagner pas cher. Après le travail, et le dimanche, je n'aimais pas trop rester à la maison. Je trichais sur mon âge pour pouvoir entrer au dancing même si je n'avais pas encore 16 ans. On écoutait les Beatles et les Rolling Stones, Polnareff et Michel Sardou, Johnny Hallyday, France Gall…

C'est comme ça que j'ai rencontré Michel. Il est entré dans le dancing, accompagné d'un copain. C'est lui qui m'a demandé de lui écrire en partant : il était en permission. Je lui ai écrit. Je me suis trompée d'adresse, mais la lettre est quand même arrivée.

À la fin de son service, on a fini par se fiancer. Lui, il était plombier, mais il a trouvé un poste aux Chantiers de France, dans les grues, pour la construction des bateaux. Enfin, il était surtout syndicaliste, très engagé et même un peu enragé. Son père était un grand copain du patron des Nouvelles Galeries de Dunkerque. Quand il lui a demandé une place pour moi, il a tout de suite accepté. Je suis devenue vendeuse au rayon Charcuterie. J'adorais mon travail, et j'étais payée le double de celui d'avant.

On s'est mariés le 4 mai 1968. Trois jours plus tard, les Chantiers étaient en grève. On a tenu avec mon salaire, et quand ça n'a plus suffi, on a vécu sur la jarretière. C'est le pécule que les invités glissent dans la jarretière de la mariée le jour des noces. Ça devait nous servir pour payer l'album photo. Ça nous a payé la grève.

Elle a fini par se finir et on a continué notre vie. On vivait dans un deux-pièces sans beaucoup de meubles mais on n'avait besoin de rien. On était heureux. Michel allait au boulot en Mobylette. Je m'occupais de mon frère pas marié, parce que c'était le rôle des femmes de s'occuper des hommes. Ma copine Ginette m'a appris la charcuterie aux Nouvelles Galeries. C'était un merveilleux magasin, on y était bien. J'ai eu une jolie petite fille, et quand j'ai repris le travail, on m'a mise aux bonbons. Ça m'a plu aussi, et puis on m'a transférée dans les stocks et les réassorts.

Michel, il a eu la vie qu'il voulait, au syndicat, avec les copains. Moi je me suis occupée de ma mère, de mon frère, de ma fille et puis de mon petit-fils.

J'ai pris ma retraite à 57 ans, avec la loi Fillon. Je me suis mise à la cuisine. Avant, je découpais les recettes, mais je n'avais pas la patience, ni le temps. Là, entre la retraite, la tablette et l'ordinateur où on peut trouver toutes sortes de recettes très bien expliquées, je me suis mise à cuisiner. Surtout les desserts. Je fais des gâteaux, j'essaie des trucs nouveaux, j'aime bien. Michel n'était pas très sucré, mais il s'y met, ça tombe bien.

J'ai aussi commencé à chanter avec les Salt and Pepper. J'ai toujours aimé chanter. Mon père chantait dans toutes les fêtes de famille. J'ai même fait partie d'une chorale de chansons populaires, à un moment. Mais là, je m'y suis mise sérieusement, comme à la cuisine. C'est pas une mince affaire : je ne parle pas un mot d'anglais. J'ai tout appris par cœur, sans savoir ce que ça veut dire. Il faut beaucoup de courage. Je vais sur Internet pour voir les traductions, ça m'aide un peu à mémoriser.

Michel travaille bénévolement pour la copropriété et joue aux boules avec ses copains. Il a sa vie, alors je me suis fait la mienne. La chorale, ça me fait du bien. On voit du monde, on est contents de se retrouver. Et puis je leur fais goûter mes gâteaux. Je crois qu'ils aiment bien.

15

THE SHOW MUST GO ON*

Chanter pour ne pas crever

Hold the line!
Does anybody want to take it anymore?
The show must go on!
Inside my heart is breaking
My make-up may be flaking
But my smile, still, stays on!

The show must go on!
I have to find the will to carry on

QUEEN

*LE SPECTACLE DOIT CONTINUER

Quarante vies de soixante-dix ans, ça fait combien d'amours ? Combien d'amis, combien d'enfants et de petits-enfants ? Combien de mariages et combien d'enterrements, combien de bonnes nouvelles, combien de chagrins, combien de joies et combien de combats ? Ils montent sur la scène, ils chantent avec leurs tripes, leur rage, leur enthousiasme, sourire aux lèvres et bonheur de faire plaisir ; de se faire plaisir. Pour beaucoup d'entre eux – et, ils l'espèrent tous, pour beaucoup des gens qui viennent les écouter –, les Salt and Pepper, c'est du baume au cœur. De la consolation, de la réparation, du miel et de la douceur sur des peines parfois incommensurables, des peurs immenses de ne pas s'en sortir, des deuils inconsolables, des inquiétudes sans fond. Chanter ensemble, ça fait du bien. Ça concentre sur autre chose. Ça donne de l'énergie, de la force, de la vie, pour affronter des épreuves dont personne n'est dispensé. Et ça aide à continuer…

Au cœur du chœur

« Moi, j'ai eu des parents super gentils, et une enfance trop facile, admet une des Annie. Ils m'ont trop gâtée. Et puis je vis une belle histoire d'amour avec mon mari, depuis des décennies maintenant. J'ai adoré mon métier d'institutrice, j'ai même fait un an de rab avant de prendre ma retraite et j'ai continué à aller à l'école pendant deux ou trois ans pour donner un coup de main bénévolement et partir à mon rythme, le temps d'organiser ma nouvelle existence. Ma vie a été si douce et si tranquille que quand j'ai eu mon premier gros souci, je ne savais absolument pas quoi faire : à 60 ans, j'ai eu un cancer du sein. Je sais que je ne suis pas la seule dans la chorale, même si on ne parle pas trop de ces choses-là entre nous. Les Salt and Pepper, c'est un groupe d'humains, avec qui on passe des moments marrants. Ça fait du bien et c'est certain, ça aide ceux qui ont besoin de soulagement. »

Une autre Annie – elles sont quatre dans le chœur, question de génération ! – confirme. « Ma passion c'est le théâtre. Chanter, pour moi, ce n'était pas important. J'ai essayé quelques chorales, mais ça ne m'accrochait pas. Et puis un jour, on m'a diagnostiqué un cancer du sein et j'ai eu l'image d'un mur qui me barrait la route. C'est là que ma vie associative a vraiment commencé. Je me suis bagarrée contre la maladie, et investie à fond dans une association contre le cancer. Jusqu'au jour où un gros clash m'a mise à terre. Les Salt and Pepper venaient de se créer ; je m'y suis inscrite pour me réparer. J'avais envie de chanter, de crier, et ça me plaisait d'utiliser l'anglais, que j'ai enseigné pendant des années.

La voix, c'est quand même assez prodigieux ! Je découvre le plaisir physique de chanter. Quand j'ai un doute, je m'appuie sur la voix d'une voisine. Quand on est à l'intérieur d'une chorale, on ne se rend pas compte de ce qu'on produit. C'est un peu frustrant. Mais quand on s'entend enfin, ouaaah, c'est beau ! Et ça fait un bien fou ! »

« Quand j'ai vu une chorale rock senior, je me suis précipitée, raconte Lyli. Le rock c'est notre jeunesse : j'ai foncé droit devant. On est beaucoup moins vieux que dans le film *I Feel Good* mais je voulais faire comme eux. Être intégrée, portée par un groupe. Faire partie de quelque chose… J'ai trouvé tout ça chez les Salt and Pepper. Et puis mon cancer du sein a récidivé. Je ne l'ai pas caché. Un jour, ils m'ont vue arriver en répétition avec une perruque. Pas question de me priver d'eux pour une histoire de cheveux ! Ils me font du bien, tous. J'assume que j'ai besoin d'eux et des gens qui m'aiment. J'ai besoin de leur regard sur moi, ça m'aide à lutter. J'ai une bande de copains, mais les Salt and Pepper c'est le premier groupe de ma vie, même si on ne se voit pas en dehors de la chorale. »

Jean-Marc, lui, se souvient de son retour à la chorale après une absence due à un gros pépin de santé. « C'était à Zuydcoote, pour un concert dans un foyer. Je n'avais pas le droit de faire d'efforts, après mon opération du cœur. Tout le monde m'a accueilli avec chaleur. C'était la première fois que je rechantais ; c'était mon retour à la vie. »

Poussières d'étoiles

Et puis parfois, la vie s'enfuit. Depuis la création du chœur, trois choristes ont disparu : Nicole et Josette, qui avaient quitté la chorale à cause de leur mauvaise santé, et puis l'infernale Yvette, qui est morte pendant les vacances de Noël 2016, au moment où la chorale apprenait à chanter « The Wall », de Pink Floyd. « Début décembre, on met au point un déplacement sur la chanson, se souvient Nathalie. On a filmé pour ne pas oublier pendant la pause de Noël. Sur le film on nous voit, Yvette et moi, dos à l'objectif, face à la chorale, toutes deux spectatrices de ce moment. C'est la dernière image que j'ai d'elle. Je ne l'ai pas appelée pendant les vacances de Noël, même si chaque jour j'y pensais. Mon beau-père venait de mourir, j'attendais d'être un peu moins triste pour prendre de ses nouvelles. Elle est morte sans que je lui reparle. Nous sommes allés chanter "Space Oddity" à ses funérailles, en essayant de retenir nos sanglots. Personne n'en menait large, ce jour-là. » « La mort, tu rigoles plus… On a fait bloc, se souvient une des deux Sylvie. Et chaque fois qu'on rechante cette chanson, on pense à elle. » Un an plus tard, c'est Christian, l'inséparable mari de Joséphine, que la chorale enterre… « C'est des moments très forts, confie Annie. Des moments où on est au cœur du chœur… »

Il y a bien d'autres fantômes qui chantent et dansent sur scène au milieu des choristes des Salt and Pepper, dont certains ne parlent jamais. Des papas morts trop tôt, dont on se souvient encore le cœur serré soixante ans plus tard. Des petits frères, des grandes sœurs et puis des enfants. Beaucoup d'enfants. Comment se remettre d'une telle épreuve ? « Dans ma vie j'ai eu beaucoup, beaucoup de chagrins, murmure Brigitte. L'art m'aide à panser mes blessures. Quand je chante, je vis, je respire au plus profond. C'est nécessaire à ma santé physique et morale. » « Je crois que j'ai fait une bonne crise d'adolescence à 40 ans bien sonnés, admet Jacqueline. Au milieu des grands malheurs, je faisais du théâtre amateur, j'avais toujours des rôles où il fallait chanter. Ça m'a beaucoup aidée. »

Francky, le fils de Maguy, est mort à 36 ans dans des circonstances dramatiques. « Quand on a passé tout ce que j'ai vécu, on s'endurcit.

C'est la musique qui me répare de tout. Quand j'écoute Deep Purple, AC/DC ; quand on chante "Highway to Hell", j'entends Francky : il le jouait à la guitare… »

« Chanter, ça m'a vraiment aidée, explique Sylvie. À un moment, j'avais trois chorales. C'est une vraie thérapie d'apprendre toutes ces chansons par cœur. Ça remplit le cerveau.

Dans cette chorale, on est plusieurs à avoir perdu des enfants, mais on n'en parle pas trop. Tant que tu chantes, tu ne penses qu'à ça… Moi j'ai eu une belle vie jusqu'il y a douze ans. Olivier, notre fils aîné, a fait le choix de mourir. Il avait 38 ans. Il s'est jeté à la mer, on a retrouvé son corps trois mois plus tard, en Hollande. C'est notre grande douleur. On ne s'est jamais remis. Il nous reste David et Vincent. On les aime du mieux qu'on peut. On n'a pas toujours dit "Je t'aime" à nos enfants ; mes parents à moi ne me l'ont jamais dit.

Les Salt and Pepper, je les ai découverts lors d'une opération portes ouvertes au casino de Dunkerque. J'ai adoré ce que j'ai entendu, et je me suis inscrite. Tout m'a plu, l'ambiance, le dynamisme, le répertoire. Je ne suis pas très hardie, j'ai ma place dans mon petit coin et je suis à l'écoute plus qu'à l'attaque. Ça me va très bien.

Même si le groupe est parfois un peu compliqué, pas question de me priver de ce bonheur. Quand j'ai la flemme d'aller aux répètes, mon mari me pousse – ça fait cinquante-deux ans qu'on est amoureux : "Tu sais que ça te fait du bien." C'est vrai, ça me fait du bien. Quelquefois, j'y vais en pleurant, mais je rentre moins triste à la maison. »

Parmi les chers fantômes des Salt and Pepper, on trouve quelques amoureux aussi. Le Pol de Francine, le Serge d'Annie, l'Emidio de Sylviane, le Christian de Joséphine. Et puis le René de Régine, inconsolable depuis quatorze ans. « Les quatre ans qui ont suivi sa mort, je n'ai pas réussi à en parler sans pleurer. Il me manque énormément. Tous les jours. Tout le temps. Heureusement que mes amis et surtout mes cousins sont là pour moi, depuis le début. Ils m'ont poussée à sortir. J'ai mis plusieurs années pour m'organiser, et ne pas laisser trop de place au chagrin. Je vis toute seule avec Félix, mon petit chat. Je me suis débrouillée pour être occupée tous les jours : deux fois par semaine avec mes amies d'enfance, pour papoter et faire du shopping. Deux fois par semaine à la gym. Un jour je vais marcher avec mes copines. Un soir dans une chorale, et le mardi chez les Salt and Pepper. C'est Monique qui m'a emmenée, et elle a bien fait. Ça a ouvert mon cercle, ça a changé ma vie.

On chante de la musique que j'aime. Ça me fait du bien, autant les répétitions que les concerts. Comme je n'ai pas été encouragée à l'école, je préfère toujours rester en retrait. Je connais les paroles mais j'ai peur de ne pas les savoir. Alors je me débrouille pour ne pas être trop en avant. C'est mieux. Je suis sûre que René aurait aimé aussi. Il était partant pour tout ! Il serait venu nous écouter, mais il n'aurait sûrement pas chanté ; il disait qu'il ne savait pas. »

Pascale B., elle, préfère faire la folle. Mais elle écrit des poèmes, parfois :

Espoir de se revoir vraiment
Mais pas ici et pas maintenant
Plus tard. Ou bien même, avant
Dans un reflet de l'espace-temps.
Jamais de fin, juste un « à suivre »
Espoir de se retrouver autrement

Donner un sens au mot survivre
Poussières d'étoiles au firmament.

« Cette chorale, dit Bernard, c'est de l'intimité. »

16
DON'T GIVE UP*

Dominique

Don't give up
'cause somewhere there's a place
Where we belong
Rest your head
When times get rough
You can fall back on us
Don't give up
Please don't give up

PETER GABRIEL

*N'ABANDONNE PAS

J'ai grandi à Volckerinckhove, un petit village des Flandres, à 40 kilomètres de Dunkerque. Paysan de père en fils depuis la nuit des temps : ma famille y cultivait déjà la terre à l'époque de Louis XVI ! Chez nous, il n'y avait ni livres ni musique, mais on écoutait Radio Luxembourg pendant la traite des vaches, parce que ça les calmait. La seule chose qui intéressait mon père, c'était qui de ses quatre fils reprendrait la ferme. Le reste ça lui passait au-dessus de la tête, je crois bien.

Moi, je savais que ça ne serait pas moi : même si je ne connaissais rien d'autre que la vie de paysan, je sentais bien qu'elle n'était pas pour moi. Je rêvais d'autres choses, sans du tout savoir quoi ; une autre vie, avec d'autres gens, dans un autre endroit... Quand je suis arrivé à l'internat du lycée de Saint-Omer, dans le Pas-de-Calais, j'ignorais tout de tout, j'étais un gars de la campagne très typé, avec un fort accent flamand, qui n'avait jamais fait de sport, jamais appris la musique, et jamais mis les pieds à Dunkerque ; je ne savais même pas qu'il y avait un carnaval, là-bas ! Personne ne s'est moqué de moi, mais personne ne m'a aidé à sortir de mon trou non plus. Je me suis débrouillé tout seul.

J'aimais bien chanter à l'école quand j'étais petit, mais à l'adolescence j'ai arrêté : chez nous, les hommes ne chantent pas. J'ai découvert la musique – les Beatles, les Rolling Stones, et surtout « Behind Blue Eyes », des Who, qui me semblait écrite exprès pour moi : « Personne ne sait ce que ça fait d'être l'homme triste derrière les yeux bleus… » J'ai ramené ça et des livres de science-fiction à la maison ; ils n'étaient pas contre, mais ça ne les intéressait pas beaucoup. À part mon frère cadet, qui était déjà passionné d'histoire et qui passait sa vie le nez dans les bouquins.

La chance de ma vie, c'est d'avoir attrapé la tuberculose. L'année de ma terminale, je me suis retrouvé à l'hôpital, en région parisienne, pendant les deux premiers trimestres, et tout mon univers s'en est trouvé transformé. Là-bas, j'ai été en contact avec des gens que je n'aurais jamais eu l'occasion de connaître ! Et puis j'ai fait la « rencontre » de ma vie : la musique de Genesis. Quel choc ! Quel voyage ! C'est comme si tout d'un coup j'arrivais sur la planète Mars – ou peut-être, plutôt, que je quittais enfin la planète Mars pour débarquer sur Terre, dans la vraie vie d'aujourd'hui. J'ai recommencé à chanter, en rêvant de m'offrir une guitare. J'ai découvert toutes les chansons de Genesis, et aussi de Peter Gabriel en solo. Il ne m'a plus jamais quitté.

J'ai fait des études de chimie. Finalement, c'est notre frère cadet, le plus cultivé de nous quatre, qui a repris la ferme, jusqu'à ce qu'il tombe malade, il y a quelques années. Elle a été vendue. C'est fini, il n'y a plus de paysan dans notre famille… Moi, je me suis acheté une guitare avec un de mes premiers salaires. J'ai travaillé dans la centrale nucléaire de Gravelines jusqu'à ma retraite, en 2016. Je voulais vraiment recommencer à chanter. J'ai trouvé une chorale hyper-sérieuse où on chantait du classique, de l'opéra et de la variété.

Ça m'a demandé énormément de travail, c'était très technique, mais à un moment, j'ai décroché. C'est là que je suis tombé sur les Salt and Pepper. J'adore ! Même si c'est moins mon style, le répertoire me plaît. Je l'écoute en boucle pour l'apprendre, c'est un sacré boulot. Mais si ça me permet de m'éclater au chant et à la guitare, ça me va. J'aime aussi le groupe. C'est le contraire absolu de ma chorale d'avant : bavard, bruyant, indiscipliné… bordélique, quoi ! Ce n'est pas toujours facile, mais ça fait du bien d'être ensemble pour faire des trucs. De se serrer les coudes pendant les concerts. De se soutenir les uns les autres pour produire quelque chose de collectif qui nous fait plaisir, et qui fait plaisir au public.

L'enregistrement du CD a encore renforcé cet esprit de groupe. On a passé beaucoup de temps ensemble, c'était très intense. On en a bavé, on a progressé et au bout du compte, on est hyper-fiers de l'avoir fait ! Ce n'est pas donné à tout le monde, une chance pareille. Après tout, on est des gens très ordinaires à qui il arrive quelque chose d'extraordinaire.

17
I LOVE ROCK'N'ROLL

Marie-Claude

I love rock'n'roll
So put another dime in the jukebox, baby
I love rock'n'roll
So come and take the time and dance with me

THE ARROWS,
REPRISE PAR JOAN JETT & THE BLACKHEARTS

Pour mon père, le rock, c'était de la « musique de fêlés ». Mais moi, je suis tombée raide dingue des Rolling Stones dès que je les ai entendus. J'avais quand même le droit d'acheter des vinyles, mais il était très strict : pas question de sortir pour aller danser, et encore moins d'envisager d'assister à un concert ! Ça ne m'a pas fait changer d'avis. Depuis mon adolescence, je n'écoute que de la pop-rock anglaise, et je connais tout le répertoire des Stones. Quasiment par cœur. Je traduisais toutes les paroles en français ! Avec une spéciale dédicace pour « Angie » : ça, c'est MA chanson, à jamais.

Et puis j'ai rencontré Luc. On est mariés depuis plus de quarante ans. Lui, il est plutôt reggae mais il aime quand même le rock. On a eu deux garçons avec qui on n'a pas du tout été stricts, au moins en matière musicale. Du coup, on en a fait deux musiciens ! Julien est guitariste, fou de heavy metal, et Rémy, qui était déjà fan de Nirvana à 8 ans, est DJ spécialisé dans la psy-trance. On est vraiment contents qu'ils s'éclatent. On va à leurs concerts pour leur faire plaisir, mais bon, il faut bien admettre qu'on en a vite plein la tête. Chacun sa « musique de fêlés » !

Quand même, quand Julien et son amoureuse se sont offert un mariage médiéval dans leur jardin, au son de « The Unforgiven » de Metallica, ça avait drôlement de la gueule. On était tous bouleversés, dans nos tuniques, nos chasubles, nos capes et nos poulaines.

Je suis une mère poule, je sais que c'est pas très rock'n'roll. Quand Rémy a commencé sa vie de globe-trotter, avec un premier voyage à l'autre bout du monde, j'ai cru mourir. On peut aimer la musique de sauvage et avoir un cœur tendre ! J'ai de la chance, on a beaucoup travaillé mais on a eu une vie plutôt douce. C'est pour ça que quand les enfants sont partis, j'avais envie de partager, et d'être utile : j'ai été bénévole pendant huit ans chez Emmaüs, dans l'aide humanitaire à Grande-Synthe.

En septembre 2011, mon amie Sylvie a trouvé dans le journal une photo des Salt and Pepper. On est allées assister à une répétition. Quand je les ai entendus chanter, je me suis dit : « C'est pas possible ! Enfin ! C'est pour moi ! » On s'est inscrites tout de suite, et je me suis attaquée à l'apprentissage du répertoire. C'est un sacré boulot, mais ça me mettrait vraiment très mal à l'aise d'avoir besoin d'une antisèche pendant les concerts…

Luc a suivi. Pas comme choriste – vaut mieux pas, il chante comme une casserole – mais comme soutien inconditionnel. Il a été nommé « membre d'honneur » : en plus de nous accompagner à tous les concerts, il s'est beaucoup investi dans tous les à-côtés. Il filme, il assure le montage des vidéos et prend des photos ; il m'aide à administrer la page Facebook et le site de la chorale, que notre fils Rémy a créés. Et en plus, comme il était comptable, et que je me retrouve trésorière de l'association, il me seconde pour faire tous les bilans et les comptes de résultat. C'est beaucoup de travail, on râle pas mal de devoir s'y coller, mais il faut bien que quelqu'un le fasse…

Je n'ai plus le temps d'aller à Emmaüs, mais être aux Salt and Pepper, c'est une autre façon d'être utile. On le sent vraiment très fort quand on va chanter dans les prisons, devant tous ces jeunes qui ont l'âge de nos fils. On ne sait jamais comment les choses peuvent tourner, dans une vie. C'est impressionnant et très touchant de chanter pour eux. Plus que dans les maisons de retraite, où, finalement, je me sens moins à mon aise. Je ne suis pas la seule. D'abord, on n'a pas toujours l'impression que les pensionnaires apprécient le rock'n'roll. Ils ont oublié que c'était la musique de leurs 30 ans... Ils préféreraient qu'on leur chante Piaf et Mariano, sûrement. Et puis peut-être aussi parce qu'on se dit qu'il y a moins de risques qu'on se retrouve en prison plutôt qu'en Ehpad...

Chanter en public avec les Salt and Pepper m'a transformée, en profondeur. Moi qui suis une grande timide, et donc une grande stressée, j'ai dû apprendre à m'exposer. Me produire sur scène était impensable ! Portée par le groupe, non seulement j'y suis arrivée, mais en plus j'y prends plaisir. Et il m'arrive même de temps en temps de chanter quelques mots ou une phrase en solo ! On m'aurait dit ça il y a dix ans, ça m'aurait fait rire… Mes fils n'en croient pas leurs oreilles et Luc n'en revient pas.

Cette chorale est devenue quelque chose de central dans notre vie. C'est des moments forts, de joie et de partage. On traverse aussi ensemble, avec les choristes, de grands chagrins. Je ne sais pas si j'aurais la force de chanter, moi, si j'avais à affronter les épreuves que la vie inflige à certains…

Mon seul regret, à part celui de n'être jamais allée à un concert des Rolling Stones, c'est qu'on ne chante aucune de leurs chansons. On s'est cassé la tête à apprendre « Satisfaction » en flamand, mais on a laissé tomber : le public n'accrochait pas du tout… Je trouve mon bonheur dans « Because the Night », de Patti Smith, « Poison », d'Alice Cooper, « Money », de Pink Floyd, ou « Whole Lotta Love », de Led Zeppelin. Le reste de notre répertoire, c'est pas trop mon truc. Je m'y plie. Mais il faut bien être honnête : quand je chante « Les Cactus », à l'intérieur de moi, c'est « Angie » qui rugit.

18

BETTY

Chanter dans les prisons

Betty faut pas craquer
Betty faut pas plonger
Je sais, ils t'ont couchée là
Et puis ils ont fermé leurs barreaux d'acier

BERNARD LAVILLIERS

Ça s'est présenté un jour, et ils n'ont pas dit non. Ils n'ont pas tous dit oui non plus. Conformément à la tradition, ils en ont discuté, ils ont argumenté, ils ont voté à main levée – pour, contre, ne sait pas – et finalement ils se sont lancés : ils sont allés, une première fois, à la maison d'arrêt de Dunkerque, où on les avait invités. Et puis une autre, et une autre, et une autre encore. Voilà comment, depuis quelques années, les Salt and Pepper franchissent *les murs, les grillages, les portes et les cages* pour donner *leur force, leurs mots et leurs notes* aux détenus, comme le chante Bernard Lavilliers dans « Betty ». Ils en parlent avec émotion, et retenue. Et une humanité infinie…

Bernard

« Quand on va chanter à la maison d'arrêt de Dunkerque, on attend devant cette énorme porte qui s'entrouvre, et on doit donner notre pièce d'identité avant de pouvoir rentrer par petits paquets. Jamais tous ensemble, comme si c'était trop dangereux, mais pour qui ? S'il ne fait pas assez beau pour qu'on chante dans la cour, au milieu des cris, on parcourt des couloirs étroits, sombres et lugubres, jusqu'à une salle trop petite. En face de nous, il y a les détenus. Je m'efforce de ne pas me demander ce qu'ils ont fait et pourquoi ils sont là. Et de me concentrer sur la musique. La première fois, j'étais perturbé, j'ai mis vingt minutes à trouver le tempo. Toute cette galerie de personnages dont on ne connaît pas les destins, c'est bouleversant… Je pense qu'il leur a fallu vingt minutes à eux aussi pour être vraiment avec nous. »

Annie

« On a chanté à la prison de Bapaume, au milieu des "longues peines". Honnêtement, je n'avais pas trop envie de leur faire plaisir, à tous ces violeurs et ces assassins. Et puis, après le concert, ils viennent discuter avec nous et on a envie de leur faire confiance… »

José

« Les concerts en prison, ce sont de grands moments d'humanité. Ça démarre par une sorte de méfiance et d'hostilité réciproque, et puis quand on a fini de chanter, on parle avec eux. J'ai souvent pris des mecs dans mes bras. C'est puissant. »

Antonin, bassiste professionnel

« Moi, dans les prisons, j'y suis allé plusieurs fois avec d'autres projets musicaux, et j'avais décidé d'arrêter. Ça me mettait mal à l'aise d'aller faire de la musique là-bas, il y avait quelque chose qui ne sonnait pas juste, pour moi. Et puis les Salt and Pepper m'ont demandé de les accompagner et je n'ai pas eu le cœur de refuser. Et avec eux, j'ai trouvé ça fort, et vrai : rien ne mentait… »

Lyli

« Au début c'est un peu angoissant mais on se sent solides et solidaires, on se serre bien les coudes dans cet univers difficile. On fait corps, et ça, c'est capital. On adore leur chanter "Antisocial". Ça les scotche, à chaque fois. »

Marie-Claude

« Je ne m'imaginais pas un jour y mettre les pieds, et me retrouver en face de ces jeunes qui ont l'âge de mes enfants. Ce ne sont pas tous des grands criminels, et parfois ça fait bien mal au cœur. Il faut avoir un peu de compassion, on ne sait pas ce qui peut arriver, dans une vie. À la prison des femmes, c'était très dur. Elles étaient fermées, presque agressives. Certaines se sont détendues, mais pas toutes. Je ne sais pas comment un humain peut rester si dur. »

Francine

« C'est une merveille de faire ça. On n'a pas à juger, ils ont été jugés. On arrive devant des gens en repli qui ne vous regardent pas dans les yeux. On va vers eux et ils s'ouvrent… Un jour, au marché de Noël, un mec était au premier rang, à la fin il est venu nous dire : “Hé, je suis le gars de la prison !” Il était détenu quand on est allés chanter là-bas quelques mois plus tôt. Il nous a remerciés… »

Monique

« On n'a aucune idée de la vie carcérale. Et aucun jugement à avoir. Moi, j'y suis allée sans peur. Ce ne sont pas des animaux. Pourquoi ils sont là, ça ne me regarde pas. On peut avoir été un salaud un jour sans être un salaud pour toujours. On ne sait pas ce qui peut arriver dans une vie. Quand on chante en prison, on sert vraiment à quelque chose. »

19

IMAGINE

Marie-Hélène

Imagine there's no heaven, it's easy if you try,
No hell below us, above us only sky,
Imagine there's no countries, it isn't hard to do,
Nothing to kill or die for, and no religion, too,
Imagine all the people living life in peace…

JOHN LENNON

Je viens d'une famille de marins-pêcheurs. Six enfants les uns derrière les autres, élevés très simplement, avec beaucoup de dignité, dans une cité ouvrière. Le repère de ma mère, c'était l'Église. J'avais une tante bonne sœur et deux oncles prêtres. C'était toute sa vie… Je l'ai vue sangloter parce que mon père refusait d'aller à la messe.

J'y suis allée, moi, à la messe, jusqu'à l'écœurement. Déjà toute petite ça m'étouffait, ces bondieuseries. En grandissant, je me suis demandé comment les gens pouvaient accepter d'être sous une telle emprise. Chacun croit ce qu'il veut, mais comment les humains ont-ils laissé les religions prendre autant de place dans leur vie ? Cette colère-là ne m'est jamais passée…

Dans notre milieu ouvrier, le programme pour les filles, c'était aller jusqu'au CAP, travailler trois ou quatre ans le temps de trouver un fiancé, et puis se marier – à l'église et en blanc – et faire des enfants. Moi, j'aurais aimé être prof de français, ou d'anglais. Ou alors même, oser me lancer dans quelque chose de créatif ou d'artistique, puisque j'aime tant lire, écrire, chanter… Mais non. Il a fallu que j'attende d'avoir 50 ans pour m'inscrire à l'école de musique municipale et apprendre le solfège et le piano. Et d'être à la retraite pour me mettre à la reliure, et faire partie d'une chorale rock !

En sortant de mon CAP, je me suis retrouvée employée en comptabilité à la mairie de Grande-Synthe. Et j'ai passé toute ma vie à compter, moi qui ai tellement horreur des chiffres…

Heureusement, j'ai rencontré un homme libre dans sa tête, amateur de rock et de musique classique. Me marier avec lui, c'était un premier pas vers ma liberté à moi. Même si c'était à l'église, et même si on a fait baptiser nos deux garçons, comme tout le monde. Il m'a fallu du temps pour prendre vraiment le large ! Quand il a été grand, un de nos fils a fait les démarches pour se faire débaptiser. Je trouve que c'est honnête et courageux. Un jour, une de mes tantes m'a reproché de m'être éloignée de tout ça. Elle m'a dit : « On ne peut pas renier ses racines. » Eh ben si !

J'ai toujours aimé chanter. Ça libère, et j'ai toujours besoin de me libérer de quelque chose. Pendant longtemps, j'ai chanté dans des chorales d'église, parce que c'est tout ce que je trouvais. Je chantais pour la musique, et dans ma tête, je transformais les paroles. Je n'ai pas grand-chose à voir avec Dieu, je suis bien plus concernée par les humains. Ils m'intéressent beaucoup, j'aime aller vers les gens, faire des choses avec eux, partager, chercher des solutions pour que la vie soit plus douce. C'est pour ça que je fais partie de la Ligue des droits de l'Homme.

Je crois que c'est aussi pour ça que je fais partie des Salt and Pepper. Je les ai croisés un dimanche de juillet 2014, en plein cagnard, à Bergues. Il faisait tellement chaud, tout le monde s'était mis à l'abri. Ils ont chanté quand même pour deux spectatrices, dont moi. J'ai a-do-ré. Quand ils ont entonné leur hymne, qui dit « si vous partagez notre feeling alors venez, *welcome* », j'ai eu l'impression qu'ils s'adressaient directement à moi. Je me suis inscrite à la rentrée suivante.

Ça change de mon autre chorale, où on chante du classique et du baroque. C'est même le jour et la nuit, mais j'aime les deux. Chez les Salt, les méthodes sont plutôt… « atypiques ». Pas de partitions, très peu d'écrit, tout à l'oreille et au feeling. Ça râle, ça change d'avis, ça fait du bruit, ça vit très fort : on sent les opinions et les états d'âme de chacun, tout le temps ! Moi, je ne dis pas grand-chose mais je me régale : c'est vivant, c'est joyeux. On sait bien qu'on ne travaille pas assez nos voix, mais on a tous passé nos vies à travailler. On vient là surtout pour s'amuser et se faire plaisir. Ça me va, à moi, et je trouve le résultat réjouissant !

Du coup, je me suis « offert nous », en cadeau, pour la fête de mes 70 ans : les Salt and Pepper sont venus faire un concert pour ma famille et mes amis, dans le jardin, autour d'une baraque à frites. C'était un moment merveilleux, gai, simple, émouvant. Mes invités ont adoré et nos sept petits-enfants étaient carrément baba ! C'est ça, mon paradis à moi…

20

YOU REALLY GOT ME*

Philippe

Girl, you really got me now
You got me so I don't know what I'm doin'
Girl, you really got me now
You got me so I can't sleep at night
You really got me

THE KINKS,
REPRISE PAR VAN HALEN

*TU M'AS VRAIMENT EU

J'ai négocié mon départ avant l'âge de la retraite : j'étais amoureux de mon boulot mais j'étais en train de devenir fou, vraiment fou. J'ai commencé à travailler très jeune, comme un dingue – ceci explique peut-être cela – et j'ai assez bien réussi, même si j'ai payé le prix fort.

J'ai eu une drôle d'enfance, pas drôle du tout en vérité, entre un père chanteur et comédien extraordinaire, formidable travailleur trop souvent absent, et une mère terriblement destructrice, très présente par contre, dont j'ai mis cinquante ans à réaliser qu'elle m'avait abandonné depuis toujours. J'étais enfermé dans cette « famille » douloureuse, comme dans une prison. Alors dès que j'ai eu l'âge, je me suis mis à sortir et à danser le rock. C'était ma fantaisie et ma singularité. Mon espace de liberté, d'abandon, et de gloire aussi. Les rares moments qui adoucissaient un peu ma vie.

Je dansais, mais il ne me serait jamais venu à l'idée de chanter. Je ne m'intéressais pas aux chansons : j'étais trop fauché pour acheter des disques et trop nul en anglais. Ce qui me plaisait, c'était le rythme, le mouvement, l'énergie, la cadence. Et surtout, la ligne de fuite qui me permettait enfin de respirer un peu loin de cette mère destructrice qui avait peur de tout et qui me communiquait formidablement bien cette peur…

J'ai eu beaucoup de mal à savoir comment mener ma vie. L'incohérence et l'égocentrisme de ma mère ne m'avaient fourni aucun outil pour cela. De ce fait, je craignais de faire, mais je faisais quand même, au prix d'immenses efforts. Je n'étais rien, sans études, sans diplôme, sans amour maternel. Je n'avais pas confiance en moi, pas de repères, et personne de solide pour m'accompagner. J'ai toujours vu mon père courageux et entreprenant, travailler énormément, gravir les échelons en faisant de très gros efforts. Je me suis bâti sur le même modèle. J'ai avancé à l'instinct, de conflit en conflit avec ma hiérarchie, et je me suis plutôt bien débrouillé. Assez en tout cas pour ne manquer de rien, avoir les moyens d'élever mes filles et de m'offrir une belle deuxième vie quand j'ai enfin été capable de lâcher la première.

Une fois débarrassé de mon boulot, ou plutôt des conditions dans lesquelles je devais l'exécuter, car je l'aimais mon travail, j'ai commencé par dormir pendant trois mois, avant de passer les deux années qui ont suivi à atterrir. Il m'a fallu tout ce temps pour reprendre une existence normale et organiser la deuxième partie de ma vie. J'avais décidé de faire enfin ce que j'aimais : chanter, danser, et jouer la comédie ; me mettre en scène moi-même, tout simplement.

J'ai pris des cours de danse, où j'ai pu renouer avec mes amours de jeunesse : j'ai appris à danser le rock à six temps et ça m'a drôlement plu ! Quand j'ai entendu parler des Salt and Pepper, je suis parti à leur recherche. Ils venaient de se créer et ne s'étaient produits qu'une fois, ça m'a pris deux ou trois mois pour les trouver. J'ai intégré le chœur immédiatement malgré mon « jeune âge », et j'ai découvert un groupe d'individus attachants, parfois égocentriques, grandes gueules, irréfléchis, mais profondément humains. En quelques semaines de répétitions et un concert, ils existaient déjà. Et pas qu'à moitié ! Je me suis senti faire partie de la bande presque immédiatement.

Les Salt and Pepper devaient constituer une chorale éphémère, le temps d'une expérience menée auprès des seniors. Mais quand il a été question de tout arrêter par manque de moyens financiers, j'en ai vu certains pleurer. J'avoue que je n'en menais pas large non plus. Il faut dire que depuis le début, ils sont une chorale remarquable. Pas tant pour la qualité de son chant – en amélioration constante, nous y travaillons dur ! – mais par l'étrangeté de ce groupe, tellement hétéroclite et tellement homogène, confus, rétif, à la fois si improbable et si solide…

On a décidé que non, personne ne décrèterait à notre place que la fête était finie, et on a cherché un moyen de continuer à exister. Ça a été un sacré bazar. C'est à la fois notre force et notre faiblesse : on est un groupe de râleurs, de contestataires. La plupart d'entre nous en ont bien bavé dans leur vie et n'ont plus trop envie de se faire secouer. Moi le premier. Mais comme je ne peux rien faire à moitié et que j'avais vraiment, vraiment envie qu'on continue à chanter, j'ai pris la présidence de l'association qu'on a finalement fondée pour continuer d'exister.

Je ne me rendais pas compte de l'ampleur de l'aventure dans laquelle je me lançais ! C'est un boulot monstrueux de gérer une association ! Je dirais même un sacerdoce. Et, très clairement, un emploi à mi-temps. Je m'y suis collé avec mon énergie et ma ténacité habituelles, et ma capacité à m'acharner et à râler. Mais pas pour rien : les Salt and Pepper sont toujours vivants, et bien vivants, et notre aventure ne cesse de m'émerveiller ! Nous sommes connus en Belgique, en Suisse, au Canada, en Afrique francophone ; nous avons chanté dans des endroits incroyables ; et maintenant, voilà que nous sortons un disque avec une *major company* !

Je me suis pris au jeu. J'ai découvert que je suis compétent dans plein de domaines. Que j'aime vraiment chanter. Que ça me rend heureux, solide, plus sûr de moi : je pense que si j'avais appris à chanter, danser, me produire pendant mon adolescence, j'aurais sans doute mené ma vie aussi efficacement que cette chorale. Je suis ambitieux pour nous. J'ai eu envie de prouver que Dunkerque ne se résume pas à son célèbre Carnaval, même si la plupart d'entre nous sont de fieffés carnavaleux. J'ai voulu voir comment pousser l'aventure au plus loin, sortir de nos zones de confort, explorer nos talents insoupçonnés. Et ça a bien marché : on se régale. La notoriété, c'est chouette et ça rend la vie plus facile ! De plus en plus souvent je n'ai plus besoin de nous présenter. Quand je dis « Salt and Pepper », les gens voient très bien de quoi il s'agit, et sont généralement chaleureux et enthousiastes.

La contrepartie, c'est la somme de travail que ça représente. Ça dévore la moitié de ma vie, ça m'empêche de partir en voyage, et parfois, j'en arrive à me rendre malade. Sans arrêt, il faut trouver les moyens pour rendre le groupe pérenne. Étudier vingt propositions de concert pour en trouver deux qui se réalisent. Négocier les tarifs. Visiter les lieux où se produire. Rédiger les contrats ou conventions.

Trouver des solutions à tous les problèmes qui se présentent. Je souhaiterais être épaulé efficacement par un nombre plus important de choristes mais nous sommes un groupe de retraités : aucun d'entre nous n'a vraiment envie de se remettre au boulot et d'en accepter les contraintes. Moi pas plus que les autres !

Il faut bien l'admettre : les Salt and Pepper m'ont vraiment eu, comme dans la chanson. Mais quand je vois le travail accompli, et surtout le résultat, je suis fier de nous. Heureux d'y avoir mis tant d'énergie, et d'avoir quelque chose de si beau à transmettre à mes enfants et à mes petits-enfants. Même si ça m'a empêché de dormir plus d'une nuit, et que ça m'arrive parfois encore… Non, rien de rien, non, je ne regrette rien !

21
ÇA PLANE POUR NOUS

... et puis enregistrer un disque !

Allez hop! T'occupe t'inquiète
touche pas ma planète
It's not today
Que le ciel me tombera sur la tête
et que la colle me manquera
Oooo-ooo-ooo-ooo!
Ça plane pour moi

PLASTIC BERTRAND

On répète, on répète, et puis à un moment, c'est le moment : il faut passer un habit de lumière – dans les tons bleus, c'est un choix collectif vraisemblablement voté à main levée après moult discussions, plus personne ne se souvient quand –, se retrouver un peu à l'avance pour sentir la salle, renifler l'endroit, faire les balances avec les musiciens, sentir le trac gagner du terrain, réviser une dernière fois les paroles sur les antisèches cachées dans les manches, dans les poches, dans les ceintures. Et puis sentir son cœur battre de plus en plus fort, et son chœur piétiner d'envie, de peur et d'impatience. Grimper sur scène en essayant d'être à peu près dans l'ordre. Trouver ses marques. Repérer dans le public les têtes amies, les têtes aimées et peut-être aussi le perturbateur un peu trop agité, un peu trop aviné, qui pourrait être le grain de sable dans les rouages. Se concentrer sur Nathalie. Attraper son regard, son sourire, sa niaque. Sentir l'envie monter, monter, monter, et les premières notes de la guitare de Jo, la grosse basse d'Antonin, le tempo de Franck cogner dans les cages thoraciques. Et enfin, chanter !

Oubliées, les répétitions fastidieuses où on a l'impression que rien ne ressemble à rien. Et aussi les énervements et les mégotages sur telle ou telle façon de prononcer tel ou tel mot anglais imprononçable ; les contretemps qu'on n'arrive pas à rattraper ; les chicaneries sur la nécessité ou pas d'accepter ce concert, à cette heure, dans cet endroit qui n'arrange personne. Oubliés, les contingences des vies des uns et des autres, les problèmes à surmonter, les solutions à trouver. À une exception près, tous sont d'accord : les concerts, c'est la récompense. Le moment magique qui les envoie ailleurs, ensemble, dans un espace de liberté et de joie qu'ils n'imaginaient pas.

Un trac délicieux

« La première fois pour moi, c'était un gros spectacle, avec du monde, pour le festival La Citadelle en Bordées, se souvient Jean-Marc. Il y a la montée d'adrénaline, et puis une explosion de bonheur. Quand j'étais petit, je participais à des radio-crochets. Une fois, je suis resté bloqué sur le deuxième couplet, et j'ai eu la honte de ma vie. Du coup, pendant les concerts, j'ai toujours l'impression de ne me souvenir de rien. J'ai besoin d'avoir les textes sur moi, cachés au creux de ma main, comme un grigri. Et même si, à chaque fois qu'on monte sur scène, le trac me rattrape, il ne me paralyse plus, bien au contraire : c'est une force positive qui me permet de me lancer. Et puis on est portés par le groupe. C'est agréable d'avoir le trac ensemble. » Pour Jocelyne aussi, que la peur avait pourtant poussée à arrêter de jouer de l'accordéon en public, se produire est redevenu un plaisir : « Le trac des Salt and Pepper, c'est pas pareil. J'aime bien. »

« Le concert où j'ai eu le plus peur, avoue Bernard, c'est à l'école de musique de Saint-Pol-sur-Mer. On était éloignés les uns des autres, on s'entendait mal, je ne maîtrisais pas trop le sujet, et ma famille était dans la salle. Ça a été un très mauvais moment à passer... »

Mauvais moment assez rare ; la plupart du temps, tout le monde retombe sur ses pattes au bout de deux ou trois chansons. Les plus traqueurs ont leur technique, même si elle n'est pas toujours très efficace : « Quand je ne suis pas trop sûre de moi, je me mets derrière pour qu'on ne me voie pas. » Mauvaise idée, Nadine ! Patricia a découvert que se cacher au deuxième ou troisième rang n'est pas un très bon calcul. « Un jour, j'ai réalisé que quand tu es au fond, tous les choristes t'entendent chanter... De toute façon, j'ai passé une audition devant Nathalie et le bureau de l'association. J'avais la trouille. S'ils m'ont acceptée, c'est que je ne dois pas chanter si mal... Alors je me mets devant et j'apprends par cœur pour ne pas me tromper et ne pas trop pétocher. »

Et si, dans le fond, le trac faisait aussi partie du plaisir ? Déjà quand elle était petite, Dolly se souvient que sa timidité la terrorisait pendant les concours de chant. « Mais j'aimais bien me produire sur scène, le plaisir était plus fort que le trac. C'est ça que je viens chercher chez les Salt and Pepper : un retour en enfance. Et combler ce désir de chanter que j'ai trimballé toute ma vie. Et puis avec le groupe, je n'ai pas vraiment la trouille. On n'est pas seul, on se sent soutenu, chaque erreur est rattrapée par les autres. Ma plus grosse fantaisie, c'est cette chorale. »

« Maintenant je suis complètement détendu, confie Bernard. Je me souviendrai toute ma vie de mon premier vrai solo, sur "The Show Must Go On". Quel pied ! J'adore aussi quand nous, les hommes, on attaque "Ça plane pour moi". En concert, on prend un plaisir fou d'être dans ce groupe qui se répond, et de suivre Nathalie. C'est vraiment une "nerveuse", qui arrive à nous fédérer et nous emmener bien plus loin que là où on pensait pouvoir aller.

Pour moi, les Salt and Pepper, c'est la fête, du début à la fin ! L'avant-concert, c'est déjà un peu le concert. Quand on part en déplacement, on picole un peu dans le bus, Liliane nous prépare des gâteaux, on rentre à 2 heures du mat', comme des mômes ! Tout ça nous fait des souvenirs... magistraux ! Je me souviens du concert pour les 70 ans de Marie-Hélène, dans un beau jardin à la campagne. On a chanté les paroles préparées par ses frères et sœurs, c'était très émouvant. Et de celui sous le kiosque à musique de la place Turenne, un après-midi d'été, dans une super ambiance. Ma compagne était là, dans un coin, avec mon fils. À l'entracte, je suis allé les retrouver; il avait la larme à l'œil de me voir dans ce groupe. J'étais content. Et même ému. »

Le plus beau souvenir de Sylvie – et de beaucoup de ceux qui y étaient ce jour-là –, c'est le concert d'adieu aux 4 Écluses. « C'était magnifique, on s'est éclatés comme des fous ! Mais ce n'est pas toujours comme ça. Parfois on chante pour trois pelés quatre tondus. Ça nous fait quand même plaisir, on se dit que c'est une bonne répétition. »

Dans leur mémoire collective s'empilent les souvenirs d'une centaine de concerts parfois émaillés de petits moments surprenants, qui font partie de la saga des Salt and Pepper : le jour où, dans un petit village, le maire est monté sur scène pour chanter avec eux. Celui, moins amusant, où une spectatrice un peu dérangée a pris la vedette, et qu'il a fallu la faire descendre de scène gentiment, en prenant soin de ne pas l'énerver. Ou lorsque, dans un Ehpad, deux pensionnaires se sont chamaillés jusqu'à en venir aux mains et nécessiter l'intervention des infirmières pour les séparer.

Et puis cet incendie à la prison de Maubeuge, quelques instants après leur prestation, qui leur permet de dire fièrement que ce jour-là, ils ont *allumééé le feu,* comme Johnny. Cette fête de départ à la retraite, dont la prestation de la chorale a été le cadeau au retraité, entre champagne et baraque à frites. Les petits concerts de campagne sans prétention, quand il fait trop chaud, trop froid, ou quand il pleut trop fort et qu'ils sont plus nombreux sur scène que dans le public… Sylvie le prend avec philosophie. « Ça fait partie du métier d'artiste de faire aussi des salles vides. Ça ne nous empêche pas de nous amuser, mais on préfère quand y'a du monde. »

Des vrais pros

Les concerts, c'est à la fois la fin et les moyens de la chorale. La fin, parce que le travail et les répétitions n'auraient pas de sens s'ils ne débouchaient pas sur ces explosions d'émotion et de plaisir sur scène, comme autant de cadeaux. Et les moyens parce que c'est aussi grâce aux prestations du chœur, et aux revenus qu'elles génèrent, que l'association perdure depuis qu'elle existe, bon an mal an. Il y a tout de même eu une année catastrophique, en 2015, où elle a frôlé la faillite. C'est qu'il faut payer les déplacements, les assurances, le matériel sono pour les répétitions, et surtout le travail de Nathalie et des musiciens professionnels qui collaborent régulièrement : Antonin, Jo et Franck, qui accompagnent les concerts, mais aussi la participation éphémère de l'un ou l'autre, comme celle de Nico, un mélangeur de sons qui a arrangé « Blow » exprès pour eux et les a accompagnés en live une fois ou deux…

Les Salt and Pepper en sont tous bien conscients : leur joyeux amateurisme, si éclairé soit-il, ne viendrait pas à bout des scènes sur lesquelles ils se produisent avec ce plaisir intensément délectable sans le soutien indéfectible et professionnel de Nathalie, leur chère « cheffe de cœurs ». Pas plus qu'ils ne se passeraient de l'accompagnement à la fois talentueux, bienveillant et rassurant de Franck, Jo et Antonin, qui se régalent de les retrouver à chaque fois qu'on les sollicite. Franck est batteur et ingénieur du son. « Même si ça représente de grosses contraintes de gérer à la fois la technique et la batterie, j'aime beaucoup travailler avec eux. C'est très touchant de les connaître et de les suivre depuis si longtemps. Mon univers à moi, c'est le rock'n'roll et on peut dire que ce groupe est très, très rock : ils ne se prennent pas au sérieux, ils sont là pour faire de la musique en se marrant et surtout pour passer un bon moment ensemble, sans jamais oublier de nous inclure dans leur kif ! C'est très réjouissant de se mettre au service d'artistes comme eux… » Sans compter que c'est l'occasion, pour lui, de travailler sur le même projet que Nathalie, sa femme chérie – « ça ne nous arrive plus si souvent, alors je savoure ».

Antonin, lui, est bassiste, issu de la scène rock alternative dunkerquoise. « J'étais très heureuse, se souvient Nathalie, qu'il accepte de se décaler un peu de son univers habituel pour s'embarquer avec les Salt and Pepper. » « J'aime bien les projets collectifs, admet-il, mais une chorale, ça ne m'avait jamais traversé l'esprit. J'étais un peu dubitatif au début, alors que maintenant, ça me paraît comme une évidence : ça marche super bien, eux et nous ! Je me suis tout de suite senti accueilli, et depuis, je n'ai jamais eu envie de partir. Même si je ne suis pas toujours à fond dans leurs choix musicaux, je m'adapte et ça me permet d'explorer des répertoires vers lesquels je ne serais jamais allé. Et puis humainement, c'est très fort. Je n'ai pas beaucoup d'amis de cet âge-là. On ne se voit pas si souvent, mais je me sens attaché à eux. On est des collègues de musique. On se respecte, et on est liés par une grande affection, très douce. »

« Moi j'ai dit oui tout de suite, parce que je dis toujours oui à Nathalie », rigole Jo. Elle ne lui a pas dit que si elle a pensé à lui, c'est parce qu'elle savait que tout seul avec sa guitare il saurait « tenir l'harmonie, remplacer deux guitares et adapter une partie d'orgue ». Jo, c'est le bébé de la bande, mais ça ne le dérange pas : il a l'habitude. « Je suis presque toujours le plus jeune, partout où je vais. J'aime bien, ça permet de mûrir plus vite. » Au début, il a accompagné les Salt and Pepper « parce que l'aventure avait l'air sympa ». Et puis il y a pris goût. « Je dois jongler avec toutes les parties. C'est technique et amusant d'être le seul guitariste du groupe ! Et puis les choristes ont une belle énergie, qui donne envie d'être avec eux. On se pousse mutuellement et on s'éclate bien ensemble. C'est vraiment un groupe hors du commun. Moi, j'aime bien faire des choses bizarres avec des gens bizarres ! »

Pas sûr que les choristes, tous très attachés à leurs musiciens, qui les rassurent, réalisent que pour ces pros aussi, l'aventure est singulière… Mais est-ce vraiment nécessaire de se le dire, du moment qu'une si belle l'énergie circule si bien entre les uns et les autres ? « Pendant les concerts, j'aime sentir qu'on apporte vraiment quelque chose, conclut Éliane. Je n'ai jamais l'impression d'être là juste pour me montrer. Ça m'a appris à me sortir de ma réserve. Je suis aussi joviale que timide ; j'aime les gens et ça m'aide à aller vers eux. Je suis timide mais je veux pas être isolée. C'est la première fois de ma vie que j'appartiens à un collectif, à un groupe. Et ça me plaît beaucoup. »

Les chemins de la gloire

Et puis voilà qu'un jour, un certain Arthur, fils d'une grande amie de Lyli et producteur de musique de son état, tombe sur le reportage d'un journal de France 3 où il est question de la dernière apparition des Salt and Pepper. Il adore, immédiatement, la force joyeuse et rock'n'roll de ce qu'ils dégagent. Après avoir convaincu – sans grande difficulté – son compère Martin, il fait savoir aux choristes qu'ils ont sérieusement envie de produire un CD avec eux.

La proposition fait l'effet d'une bombe. Une fois passé le premier doute – « c'est une blague ? on a bien rigolé, mais c'est pas le tout, on a une répète à terminer ! » – le chœur se met à frémir, puis à bouillir, comme une grosse marmite de potion magique qu'on aurait mise à chauffer sur le feu. Qui c'est, ces producteurs ? Est-ce qu'ils se foutent de nous ? À quel moment on va s'apercevoir qu'il y a un loup ? Et pourquoi ils nous voudraient, nous ? Vous êtes sûrs qu'ils ne se sont pas trompés de chorale ? Qu'est-ce qu'on a à y gagner ? Et qu'est-ce qu'on a à y perdre ? Après un truc pareil, est-ce qu'on sera encore comme avant ?

Arthur et Martin ont bien failli y perdre leur latin. Nathalie, la cheffe, et Philippe, le président, aussi. Le groupe a fini par dire oui, avec inquiétude. Et puis non, de façon presque unanime, quand sont arrivés les épais contrats individuels qui les ont tous affolés :

pas question que leur chère chorale, leur cour de récré préférée, ressemble de quelque manière que ce soit à un nouvel espace de travail avec ses contraintes, ses engagements, ses obligations… « On a bossé toute notre vie, on n'a pas du tout envie d'y retourner ! » Les plus purs et durs s'offusquent à l'idée que se glissent dans leur jolie mécanique les notions d'argent et de profit, comme ils le chantent si bien dans « Money ». « Ça frelate tout, le pognon. » Ce à quoi les plus réalistes rappellent que, chaque année, c'est un vrai casse-tête de boucler le budget pour subvenir aux besoins de la chorale, et qu'en plus de la belle aventure, si ce CD pouvait mettre un peu de sucre sur les gaufres – et pourquoi pas un petit supplément chantilly ? –, ça serait pas de refus…

« Au début on ne savait pas si on devait y aller, explique Dolly. En fait, on avait peur des producteurs, ces gens de Paris qu'on ne connaissait pas. Notre groupe a du tempérament, on a beaucoup discuté avant de se décider. Un projet comme ça, ça bouscule tout, on se demandait si on allait s'en remettre. »

Ils ont fini par signer. Presque tous. Et se sont lancés à l'assaut de cette nouvelle montagne avec un mélange d'enthousiasme et de méfiance. Il a fallu travailler quand même, un peu, pour préparer les enregistrements. Et beaucoup, beaucoup, les jours où ils ont eu lieu. « Ça a été étonnant et éprouvant, résume Dolly. On a découvert nos voix comme on ne les avait jamais entendues, et leurs défauts aussi ! Quand j'ai entendu la mienne, je ne l'ai pas reconnue. Je pensais qu'elle était mieux que ça. Et puis surtout, on a passé des heures debout et on n'a plus 20 ans ! » Brigitte aussi est sortie du studio « épuisée mais heu-reuse ! Laurent et Guilain, les techniciens, nous ont poussés vers la perfection. On a répété la même phrase dix fois, vingt fois. On a découvert ce monde-là. Je n'imaginais pas que c'était si fastidieux ».

Marie-Claude n'en revient toujours pas : « C'est bizarre de découvrir sa voix, et celle des autres, en studio. On se rend compte que le groupe adoucit drôlement les défauts… » Pas plus qu'Annie : « J'ai trouvé ça génial d'avoir affaire à des pros, et de pouvoir profiter de la précision de leur oreille ! » Quant à Bernard, il est ressorti saturé, et s'est mis au régime musique classique pendant une semaine, pour reposer ses oreilles et son cerveau ! « C'est un vrai travail, rigoureux, extraordinaire, raconte Blandine. C'était dur mais passionnant, je me suis régalée. Et ça a resserré nos liens. »

« Enregistrer, explique Jean-Marc, c'est une épreuve. Ça nous oblige à être plus précis, on entend chaque petite fausseté. Si y'en a un qui se plante, tout le monde doit recommencer. Ça peut devenir embarrassant... » Effectivement, Nathalie, professionnelle de la musique, sait à quel point être enregistré peut fragiliser, éprouver, mettre à nu. Elle a veillé, avec l'aide de Laurent et Guilain – et le renfort de Franck – à ce qu'aucun des choristes ne ressorte blessé ou trop secoué de cette expérience en studio. Parce que, comme dit Jean-Marc, « un enregistrement, c'est drôlement intime ».

Il y a eu, dans la foulée, une joyeuse séance de photos. Un après-midi de juin à faire les stars, juchés sur un beau container bleu pétard, sur la digue du Braek. Et puis tout le monde est parti en vacances pendant que les professionnels montaient, mixaient et préparaient le « bébé » pour la rentrée.

Wam ! Bam ! Splatch !

Le rendez-vous était fixé au 28 août, à 14 heures, dans l'auditorium de la halle aux Sucres, un bel entrepôt magnifiquement réhabilité, planté en face de la Citadelle, au milieu de l'ancien port de marchandises. Ils étaient presque tous là, parfois accompagnés d'un ou deux des leurs – ils sont nombreux et la salle n'est pas très grande –, invités par Arthur et Martin à venir s'écouter enfin. Pour la première fois de leur vie ! « D'habitude, on est sur scène, pas dans la salle. On ne se rend pas vraiment compte de ce qu'on envoie ! »

Papotage, chahut habituel et joyeux brouhaha des retrouvailles. Ils sont excités et intimidés comme des élèves à la rentrée des classes. Arthur dit un mot, Martin fait un signe au technicien caché dans la cabine et *splatch !* « Ça plane pour moi » éclate dans leurs oreilles.

Ils ont eu un flash ! Vidés, sidérés, émerveillés. Collés à leur siège. Ils n'en sont pas revenus de s'entendre si beaux, si joyeux, si déchaînés. Si rock'n'roll ! Certains yeux se sont mis à briller, et même un peu à pleurer. « C'est mon rêve ! J'ai réalisé mon rêve ! » a répété Mouchette, en boucle, à qui voulait l'entendre. « C'est nous qui avons fait ça ? Vous êtes sûrs que vous avez pas embauché une autre chorale ? » gouaillait Francine pour cacher son émotion. « Alors là, on peut être fiers de nous... »

Ils sont fiers, bien sûr. Mais surtout, ils sont heureux. Très, très heureux, et toute la salle avec eux. « À la maison, raconte Pascale, quand j'ai dit qu'on allait enregistrer un disque, personne ne m'a crue. Ils pensent que les répétitions des Salt and Pepper, c'est des sortes de réunions Tupperware où on se retrouve pour manger des gâteaux en chantonnant. Je pense que ça va leur faire un drôle d'effet de découvrir la réalité. »

Le même « drôle d'effet » qu'à eux, tous, de réaliser, parce qu'ils ont enfin le disque entre les mains, et qu'il vient de leur exploser les oreilles et le cœur, qu'ils ont réussi : ils ont enregistré leur album.

Bernard est emballé, et ému. « J'étais à fond pour ce projet ! Vivre un truc pareil, c'est une fois dans notre vie ! Ça me donne de la force, une fierté, toutes les réticences se sont estompées peu à peu. Ça a été long et houleux de se mettre d'accord. Ça a secoué le groupe, on a eu du mal à se décider, mais il s'est passé quelque chose.

À la fin de "L'Idole des jeunes", je fais un petit *oh oh oh*, tout seul au micro. On l'a enregistré une fois, deux fois, trois fois, avant d'y arriver. En rentrant chez moi ce soir-là, j'ai pensé à ma petite-fille, Mila. Je me suis dit que j'allais lui laisser ça. Ma voix sur ce CD, comme une petite trace pour elle. » « C'est aussi fort que quand on va en prison, confirme Éliane. Cet enregistrement nous a rapprochés, on était groupés face à l'inconnu. C'est tellement facile de s'installer dans sa petite vie… Ça fait du bien de vivre des choses inédites et imprévues ; de se laisser surprendre. » « On a des vies ordinaires, conclut Marie-Claude. On n'a pas fait grand-chose d'exceptionnel. Mais je pourrai dire que j'ai fait ça dans ma vie ! »

Et si c'était, pour eux qui chantent « Space Oddity » de David Bowie avec tant d'émotion, le début d'une odyssée très très spéciale ?

You really made the grade
Now it's time to leave the capsule if you dare

I'm stepping through the door
And I'm floating in a most peculiar way
And the stars look very different today

« Tu l'as vraiment fait
Il est temps de quitter la capsule si tu l'oses

Je franchis la porte du sas
Je flotte vraiment très bizarrement
Et les étoiles ont l'air très différentes aujourd'hui »

Avec les Salt and Pepper, on n'est à l'abri de rien…

LES SALT AND PEPPER, EN 2018, C'EST :

– un solide bureau composé de Bernard Yakhlef (vice-président), Marie-Claude Hetru (trésorière), Pascale Martin (secrétaire), Philippe Lanoote (président),
– un membre d'honneur hyperactif, Luc Hetru,
– des choristes enchantés, Annie Cordonnier, Annie D'Haese, Annie Duriez, Annie Heaulme, Bernadette Jacquet, Blandine Martel, Brigitte Wadoux, Christiane Nardi, Christine Friscourt, Daisy-Maguy Legrand-Clercq, Dolly Trabelsi, Dominique Paccou, Éliane Olek, Francine Cambier, Jacqueline Malcorps, Janine Ducatillon, Jean-Marc Delattre, Jocelyne Aubert, José Deswarte, Joséphine Allouchery, Josiane Simeray, Liliane Goffard, Lyli Chaumont-Souvraz, Marie-Hélène Bryche, Michèle Lemagnent, Monique Scherrens, Nadine Raimis, Pascale Blondé,

Pascale Demarthe, Patricia Messier, Patricia Pleuvret, Régine Scherrens, Sylviane Franzoso, Sylvie Dievart, Sylvie Sterckeman,
– une cheffe de chœur emballée, Nathalie Manceau,
– des musiciens amis, Antonin Carette (basse) Franck Manceau (batterie), Jonathan Nosalik (guitare).

– Un site Internet : saltandpepper.fr et une page Facebook : saltandpepperchorale
– Un CD, *Salt and Pepper*, Mercury records, 2018.

REMERCIEMENTS :

Merci à chaque choriste pour la confiance, l'humanité et la générosité des rencontres et des partages.
Merci à Frank Margerin de nous avoir si joyeusement emboîté le pas.
Merci enfin à Arthur Sachel et Martin Toloton (Les Autres MGMT), managers et agents d'artistes, qui sont tombés sous le charme des Salt and Pepper et sans qui ce livre n'aurait pas vu le jour.

Table des matières

1 – All You Need Is Love 9
Valérie

2 – Utile 15
Nathalie

3 – I Feel Good 33
Le jour où tout a commencé

4 – Happy 53
Annie

5 – Ah, tu verras 63
Sylviane

6 – Stand by Me 73
Prendre sa retraite

7 – For me formidable 89
Annie

8 – Born to Be Wild 99
José

9 – These Boots Are Made for Walkin' 107
La libération des baby-boomeuses
10 – With a Little Help from My Friend(s) 121
Monique et Francine
11 – Rossignol de mes amours 129
Joséphine
12 – La musique que j'aime 139
Un répertoire très… éclectique
13 – Ma drôle de vie 153
Pascale
14 – Sugar, Sugar 159
Liliane
15 – The Show Must Go On 165
Chanter pour ne pas crever
16 – Don't Give Up 177
Dominique
17 – I Love Rock'n'Roll 183
Marie-Claude
18 – Betty 191
Chanter dans les prisons
19 – Imagine 199
Marie-Hélène
20 – You Really Got Me 205
Philippe
21 – Ça plane pour nous 215
… et puis enregistrer un disque !

CRÉDITS DES AUTEURS DES CHANSONS

All you need is love © John Lennon et Paul McCartney ; *Utile* © Étienne Roda-Gil ; *I feel good* © James Brown ; *Happy* © Pharrell Williams ; *Ah, tu verras* © Claude Nougaro ; *Stand by me* © Ben E. King, Jerry Lieber et Mike Stoller ; *For me formidable* © Jacques Plante ; *Born to Be Wild* © Mars Bonfire ; *These Boots Are Made for Walkin'* © Lee Hazlewood ; *With a Little Help from My Friend(s)* © John Lennon et Paul McCartney ; *Rossignol de mes amours* © Raymond Vincy ; *La musique que j'aime* © Michel Mallory ; *Ma drôle de vie* © Véronique Sanson ; *Sugar, Sugar* © Jeff Barry et Andy Kim ; *The Show Must Go On* © Brian May ; *Don't Give Up* © Peter Gabriel ; *I Love Rock'n Roll* © Alan Marrill et Jake Hooker ; *Betty* © Bernard Lavilliers ; *Imagine* © John Lennon et Yoko Ono ; *You Really Got Me* © Ray Davies ; *Ça plane pour moi* © Yvan Lacomblez.

COUVERTURE ET CONCEPTION GRAPHIQUE : Sara Deux
MISE EN PAGE : Dominique Guillaumin
PHOTOGRAVURE : Point 11
RÉVISION : Emmanuel Dazin et Fabrice Émont

Les couvertures et les bandes ont été imprimées en France
par l'imprimerie Déjà Link, à Stains (93), en septembre 2018.

Achevé d'imprimer sur Roto-Page par l'Imprimerie Floch à Mayenne (53)
en septembre 2018.

ISBN : 978-2-35204-972-2
N° d'impression : 93268
Dépôt légal : octobre 2018
Imprimé en France